De lo peor, lo mejor

De lo peor, lo mejor

AURON PLAY

Los consejos
de Auron

mr ediciones martínez roca

Ediciones Martínez Roca es un sello editorial de Editorial Planeta, S. A.
Avenida Diagonal 662-664
08034 Barcelona (España)
www.planetadelibros.com

Diseño de cubierta e interiores: María Jesús Gutiérrez
Ilustraciones de interior: Shutterstock
Fotomontaje de cubierta: Iruko

ISBN: 978-84-270-4175-2
Depósito legal: B. 2.874. 2015

Impreso en España / *Printed in Spain*
Impresión: Huertas, S. A.

El papel utilizado para la impresión de este libro es cien por cien libre de cloro y está calificado como papel ecológico.

Este libro va dedicado a todas aquellas personas que siempre han estado ahí, de una forma u otra, para decir algo bueno o malo de mí, para aplaudir cuando tenía razón y para los que no lo han hecho cuando así lo creían oportuno.
Y gracias a la editorial por confiar en mí y darme esta magnífica oportunidad.
A todos vosotros, gracias.

Agradecimiento a Iruko por las fotos.

¡Gracias, crack!

Prólogo

Internet es un sitio divertido, aunque a veces bastante surrealista, un lugar donde puedes ver todo tipo de locuras, un lugar donde la gente a veces consulta y preguntas cosas... extrañas. En este libro os deleitaré con las «preguntas» más cachondas que ha hecho la gente por los mundos del internet.

Hola, somos **una pareja de 34 años** que vive en madrid. Actualmente mi pareja está trabajando y yo estudiando. Estamos buscando una habitación o gente para compartir un piso juntos por la zona de Alcobendas o de San Sebastian de los Reyes.
El motivo por el que buscamos una habitación es porque ahora que estoy estudiando andamos más justos económicamente y como **nos hace ilusión tener un bebe** hemos pensado oue hasta que y'o termine y' encuentre trabajo podríamos estar compartiendo piso con gente.
Hay alguien interesado?

Hola pareja, ¿qué tal?

Veréis... Esto de dar el paso y ser padres está muy bien, está muy bonito. Incluso me atrevería a decir que es algo hermosote. Pero..., va, seamos sinceros:

¿QUIÉN COÑO OS VA A ALQUILAR UNA HABITACIÓN SABIENDO QUE ESTÁIS BUSCANDO UN NIÑO Y OS PASARÉIS EL DÍA EN LA HABITACIÓN **DALE QUE TE PEGO AL TEMITA?**

Imaginad a la persona que tenga la habitación al lado de la vuestra. Eso va a ser un festival de pornografía en toda regla, día sí y día también.

Mi consejo es que retoquéis el anuncio: no digáis lo del bebé y una vez allí, pues a fornicar como posesos. Total, a día de hoy (de momento) fornicar no es ilegal, pero sabiendo que estáis buscando un bebé

NO OS ALQUILA UNA HABITACIÓN NI DIOS.

hola soy **un chico de 23 años** soy de malaga y hace poco me compre el iphone6 plus y tengo un problema resulta que cuando lo pongo en modo silencio cuando me llaman no suena **porqueee?**

Hola chico de 23 años de Málaga, un placer.

Pues va a ser que te han vendido el móvil con algún defecto de fábrica, ¿eh? Está muy claro.

Lo normal al activar el modo silencio en un terminal es que cuando te llamen suene, y además MUY FUERTE. Claro que sí, tiene toda la lógica.

Hagamos una cosa: coge una pinzas e intenta extraer los dos altavoces que tiene el móvil. Así te aseguro que tendrás un sonido envolvente.

VAYA TELA...

que pasa, mira tengo un problema y me vais a perdonar por la expresion pero **estoy hasta los mismos cojones de mi abuela,** siempre me hace lo mismo, sabe de sobras que no me gusta el chorizo con las lentejas y ya es la quinta vez que me pone el puto chorizo, que tengo que hacer, pregunto, que coño tengo que hacer **le tiro todo el chorizo que tenga en la nevera?** es que ya estoy arto hostia

Ha venido usted al sitio perfecto para **DAR UNA SOLUCIÓN DEFINITIVA A ESTE GRAVÍSIMO PROBLEMA.** En este foro somos expertos en solucionar casos de abuelas que se niegan a dejar de echar chorizo en las lentejas.

Envíenos un privado con sus datos personales y uno de nuestros agentes se dirigirá a casa de su abuela para ponerle las cosas claras. No se preocupe, déjelo en nuestras manos: su abuela ya se puede ir despidiendo del chorizo, acabaremos con él. Gracias por confiar en

ANTICHORIZOLENTEJERO S. A.

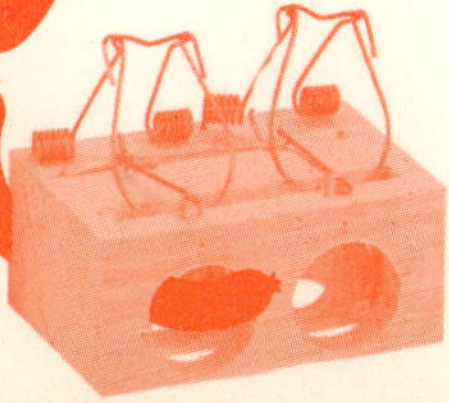

Reciba un cordial saludo.

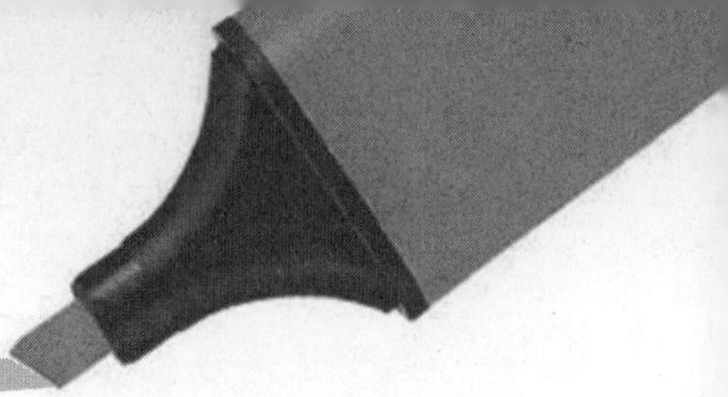

Tras muchos meses de incertidumbre, por fin me he ido a vivir con mi novio. Suelen ser los hombres los que ponen más recelos a la hora, pero en este caso fui yo, supongo que por el miedo a que la convivencia pudiera desgastar nuestra relación. Solo llevamos una semana juntos y por ahora bien, ya veremos cuando llegue la temida rutina 😕 😕 😕 El muy bonico me regalo el periodico de tu dia con una fotografía nuestra abriendo la puerta del piso y las noticias del día que empezamos juntos esta aventura. Qué decir que está colgado en pleno salón. **Ya os iré contando...**

¡¡Vaya, qué bien!!

¡¡Tu pareja te ha regalado un periódico!! Enhorabuena por el hecho de iros a vivir juntos, pero mi consejo es simple: deja a tu pareja, es un cutre. Dile que, ya de paso, te regale un poco de publicidad del todo a cien de la esquina, de esos papelillos que dejan en los buzones.

Estoy escribiendo y riéndome yo solo. Me estoy imaginando el día que ese roñas tenga que hacerte un regalo de bodas o algo muy importante. Teniendo en cuenta su trayectoria es muy capaz

DE REGALARTE UN PAR DE MUESTRAS DE COLONIA O ALGO ASÍ. JAJAJAJA:

CUTRE.

Llevo **1 año y 4 meses con el,** siempre ha sido muy vagó peroal principio se esfomaba por mi pero ahora esta mucho peor, llega el finde v si quiero salir se lo tengo que pedir mil veces y si conseguimos salir esta malhumorado, **por las noches no salimos ni de fiesta ni con los amigos ni nada** y yo me veo encerrada y perdiendo mi vida. Nos queremos mucho pero veo mi futuro encerrada en casa v siento que desperdicio mi tiempo. Tampoco guiero salir sin el xk me da cosa que se quede solo v edemas me gusta gue se relacione con mi gente....
Os ha pasado algo parecido? Que me aconsejais?!!!
Gracias

ME HA GUSTADO MUCHO TU MENSAJE, PERO TE HA FALTADO COMENTAR QUE TU MARIDO PERDIÓ LAS PIERNAS EN VIETNAM. UN SALUDO.

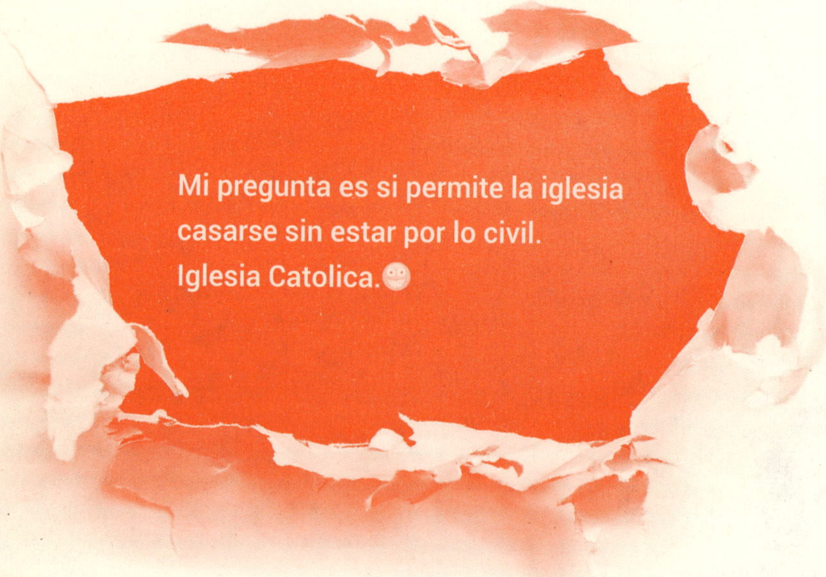

¿Pero qué coño estoy leyendo?

Me estás diciendo que...

¿ESTÁS PREGUNTANDO QUE SI PARA CASARTE POR LA IGLESIA HAY QUE ESTAR CASADO ANTES POR LO CIVIL?

Sí, claro, por supuesto. También tienes que contratar el Canal Plus y tener un máster en recogida de alcaparras en Albacete, no te jode.

que tal un saludo a todas, quiero comentar esto porque **ya no se si traigo una enfermedad o esto es normal!!** resulta que he descubierto que soy muy pedorra, es decir tengo flatulencias casi todo el dia y la noche no se diga a cada rato a pedo y pedo, lo peor que a veces mi novio quiere que nos durmamos un rato y no puedo porque **en cuanto me empiezo a relajar se me suelta el estomago y sacatelas!!** que e estado a punto de echarme unos tremendos, disculpen si esto suena muy grosero, pero es la verdad, lo peor es que mi novio jamaaaaas se ha echado uno enfrente de mi, y a veces bromeo diciendole que se le eche para empezar yo a agarrar confianza y pues no echarmelos en su cara pero si por lo menos evacuar aire sin sentir tanta verguenza.

me apena mucho esto porque **yo soy la mujer la dama, la que debe siempre estar limpia** y para nada quisiera tener una imagen de cochina pedorra!!, me preocupa, ya que siempre e tenido este problema porque me acuerdo de cuando iba a campamento con amigos y as, no dejaba de pensar en las ganas que tenia de echarme un gas, y los retenia mucho...

y la verdad es que no es para reirse, yo estoy sufriendo por eso, ya que ay gente mis amigas mas cercanas que se rien y me dicen que que rarita, que a ellas no les pasa nada de eso,que pueden retener gases sin problemas, no se que hacer lo que mas me atormenta es pensar en cuando me case que voy a hacer!! no podre dormir en toda la noche reteniendo esos molestos ventosos, !!me choca!!!, **mi novio ya me a escuchado uno que otro pedo dormida,** y solo se rie, pero a mi me da mucha verguenza, el no parece tener nunca necesidad de evacuar aires, ya que se queda dormido siempre como un bebe y jamas lo e escuchado a pesar de que pongo atencion en eso...

en fin estoy triste por esta situacion, que hago **sera acaso un problema medico???**

Bueno, bueno, bueno... Así que estamos ante un caso de una chica que no controla su propio esfínter. Señoras y señores que me estáis leyendo: he aquí la prueba oficial y definitiva de que las mujeres TAMBIÉN tienen gases. ¡¡Chúpate esa, Eva Hache!! ¡¡Chúpate esa, creador anónimo de leyendas urbanas que ahora mismo acabo de desmontar en tu cara!! ¡¡TOMA!!

En fin, querida amiga: dejando aparte la emoción del momento, consulta con un especialista. Quizás debas dejar de ver vídeos de un tal AuronPlay después de media noche

(LAS MALAS LENGUAS DICEN QUE SE TE DILATA EL ANO, AUNQUE NO HAY CONFIRMACIÓN OFICIAL).

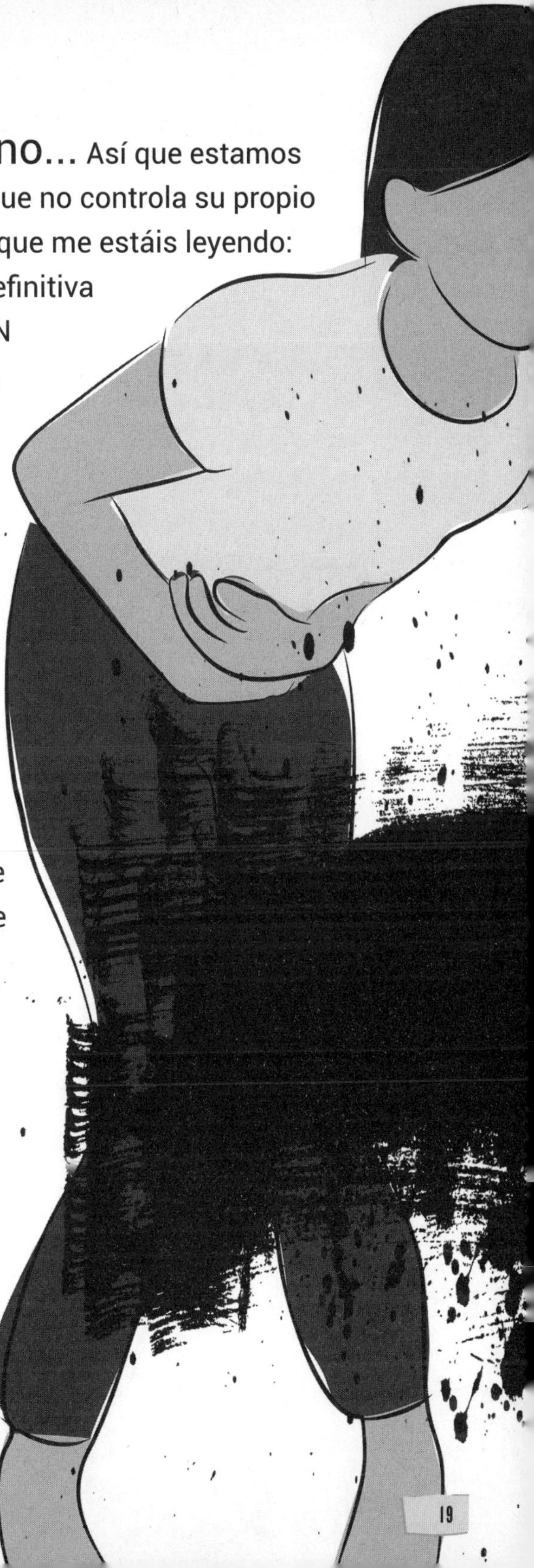

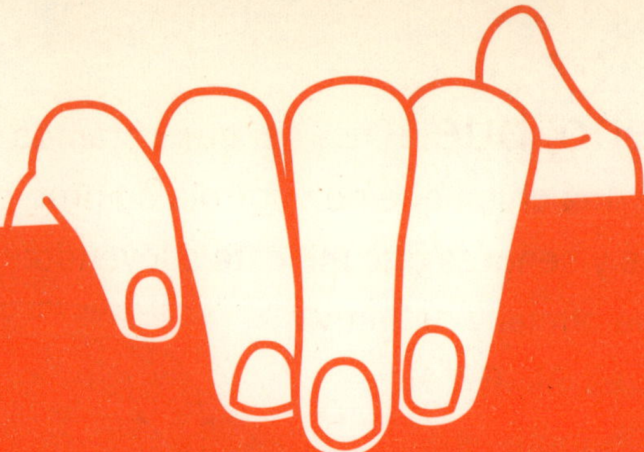

Hola, bueno yo tengo 1 año viviendo con mi novio siempre me ha dicho que le gusta mi cuerpo, mi cara pero de unos tres meses para aca esporadicamente me comenta que le gustaria que tuviera senos mas grandes solo un poco mas grandes que le gustan como son ahora , bueno tampoco estoy plana son normales , no se porque me pide eso sera que miente y no le gustan mis senos , solo me gustaría saber sus opiniones no se que pensar . Gracias

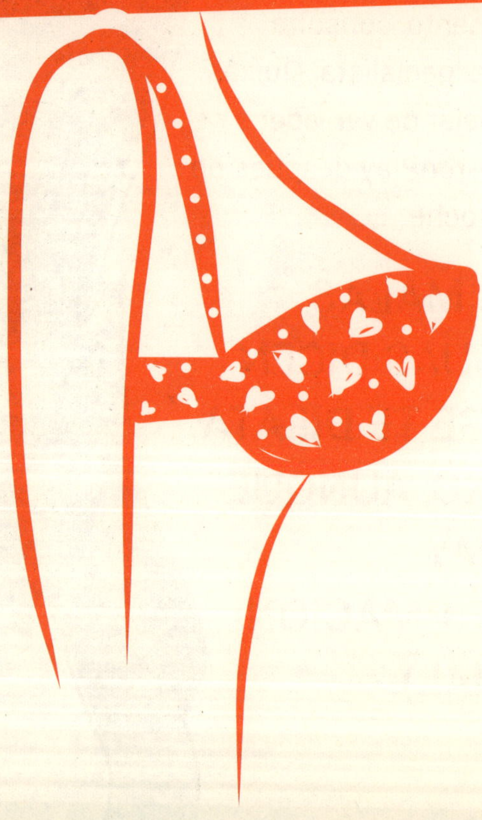

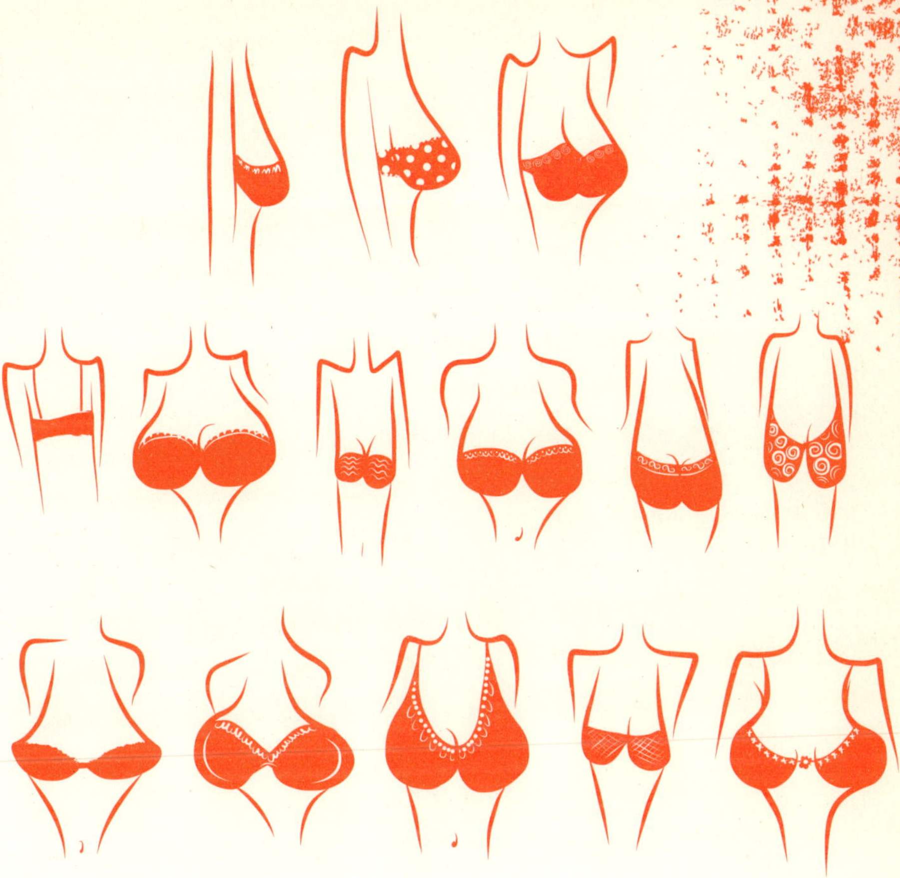

Joder, esto **SENOSVA** de las manos, jajaja. ¿Lo has pillado? Jajaja. SENOSva, jajaja, de las manos. JAJAJA SENOSSSSSSS jajaja.

Eehhhh, suelta ese arma, ya me voy. No hace falta ponerse así.

Soy mexicana y **me case apenas hace cuatro meses** con un dominicano... pero apenas tenemos viviendo 3 meses juntos.... y... la verdad es que es otro hijo a quien cuidar es un inmaduro, no lo soporto, nada sabe, todo lo consulta conmigo, **la riega mucho,** comete muchos errores para hablar, cuando hace las cosas; por su condición en el país no puede trabajar, pero ha hecho unos trabajos de pintura y otras cosas, y en todos los trabajos que ha hecho ha salido mal... y he tenido que ir a pedir disculpas y poner la cara y solucionar lo que ha hecho mal... no lo he querido lastimar pero le he dicho que me fastidia que sea como un niño como un adolescente, yo tengo dos hijas y ellas son mas maduras que él...y ellas me dicen que el se comporta como un niño...no se que hacer yo no quiero una vida como esta.... **estoy triste y desesperada...**

Veamos... Te casaste con un hombre que ha demostrado ser un inmaduro y una persona que no sabe cuidar de sí misma. Entiendo. Pero, eso de que

«LA RIEGA MUCHO», ¿QUÉ COJONES SIGNIFICA?

O sea, ¿teneis una especie de geranio, o de pomelo, en el jardín de la casa y tu marido lo riega demasiado? Coño, esto si que es un problema, la verdad. El riego excesivo puede llevar a estas pobres plantas a la muerte... y luego ya me dirás con qué te harás una buena macedonia.

DEJA A TU MARIDO INMEDIATAMENTE, NO TE LO PIENSES.

Hola, **hace dos meses estoy con mi novio,** es un hombre divino y nos llevanos muy bien. Ambos tenemos 30, yo soy divorciada . Hace poco le pregunte si el queria casarce x curiosidad(yo quiero casarme pero no quiero. Q el lo sepa, x q es solo un plan de vida no algo q deseee ya) despues de q le hice esa pregunta el ne ha preguntado varias veces si yo quiero casarme con el. Yo respondi q no x q llevamos muy poco! Y el sigue repitiendo la pregunta. De echo me dijo q si yo no fuese divircuada el se preocuparia.
Quisiera saber q realmente quiere. Escuchar el. Sera q esta conmigo x q soy divirciada y da x echo q no quiero casarme?

Muchas gracias

Hola, buenas, ¿qué tal? Veamos... Llevas un par de meses con tu novio. Todo muy bien, todo muy correcto. Ajá, vale. Veo que el problema es sobre el tema del matrimonio; bien, entremos en profundidad en el asunto.

«Hace poco le pregunte si el queria casarce x curiosidad (yo quiero casarme pero no quiero. Q el lo sepa». Santo cielo. Ahora mismo me está sangrando un ojo, y un pulmón se me ha inflamado un poco... Pero no nos desviemos del tema.

Eres una cansina. Sí, sí, lo que lees: C A N S I N A. Me explico: eres la típica que contesta una cosa dependiendo lo que responde el otro. Es más, estoy seguro de que TÚ VAS MÁS ALLÁ y TE FIJAS en más factores, ya no solo en su respuesta, si no EN LOS GESTOS QUE HACE MIENTRAS TE LO DICE, o en el número de parpadeos que realiza mientras tanto.

Cásate si quieres, y si él está de acuerdo.

PERO DEJA DE TOCAR LOS COJONES A ESE POBRE HOMBRE.

Hola a todos, les cuento hace unos meses me fui a vivir con mi novio a otro país **{el es canadiense)** despues de años en una relacion a distancia, y la cosa no ha podido ir peor, no conosco a nadie no tengo amistades no encuentro un trabajo y **echo de menos a mi gente,** me estoy empezando a preguntar si de verdad todo esto merece la pena y pues me siento tonta de estar aqui, mi pareja es un cielo conmigo pero ya no estoy feliz, **lloro todos los días** y creo que así no puedo seguir, que hago? muchas gracias a todos

Pero-bueno-pero-esto-qué-es... ¿Una broma? O sea, ¿has sido capaz de abandonar este país?

A ver, a ver. Disculpa mi insistencia.

¡Es que no me entra en la cabeza! Ruego que me expliquen

CÓMO COJONES ALGUIEN TIENE EL VALOR DE ABANDONAR ESTE PAÍS SABIENDO QUE NO VOLVERÁ A COMER TORTILLA DE PATATAS.

NO LO ENTIENDO.

Ya me estoy imaginando al listo de turno: «¡Eh, Auronplay! Aunque esté en otro país también puede hacerse una tortilla de patatas allí si le apetece». ¿Te digo yo lo que tienes que hacer en lugar de llevarle la contraria a un libro, eh, listo?

quiero que mi ex- me llame, no lo puedo hacer yo, si observo su foto le puedo transmitir mi deseo???? eso seria telepatía????

Claro que sí, por supuesto que puedes. Pero antes hazme un pequeño favor: coge un folleto del Telepizza y mira fijamente una cuatro quesos, que hoy aún no he comido.

CUANDO LLEGUE, ME AVISAS.

Gracias.

vamos a ver tengo un problema ok

OK, GRACIAS POR LA INFORMACIÓN.

ESPERO QUE PRONTO SE SOLUCIONE ESTE PROBLEMA TAN EXTENSO Y GRAVE QUE TE AQUEJA.

mi mujer tiene una mania horrible que parece no poder solucionar, cuando eramos nobios me llamaba cariñosamente "mierdoso" yo lo aceptaba porque eran nuestros inicios sabes, pero ahora no me gusta me averguenza delante de mis amigos y familiares, por mas ke se lo digo no hace caso y continua diciendome míerdoso, komo puedo decírselo

A ver si lo he entendido bien... ¿Dices que tu mujer, de forma cariñosa, te dice «mierdoso»? Es decir, permíteme poner un ejemplo: «¡Ay, mierdoso mío, como te quiero!» o «Mierdoso, pásame la sal». ¿Estoy en lo cierto?

Tío, no me jodas: esto hay que pararlo como sea. Mira que siempre he odiado la forma que tienen algunas parejas de llamarse cariñosamente entre sí, tipo «gordi», «peque», «gorda», «chocho», «chochito», «osito»... Pero esto de "mierdoso" ya es el colmo.

Si tu mujer se niega a dejar de llamarte así, haz tú lo mismo: ponle un mote.

A PARTIR DE AHORA
LLÁMALA «ESCORIA»,
sobre todo cuando estéis con amigos. **YA VERÁS COMO SE LE QUITA LA TONTERÍA DE GOLPE.**

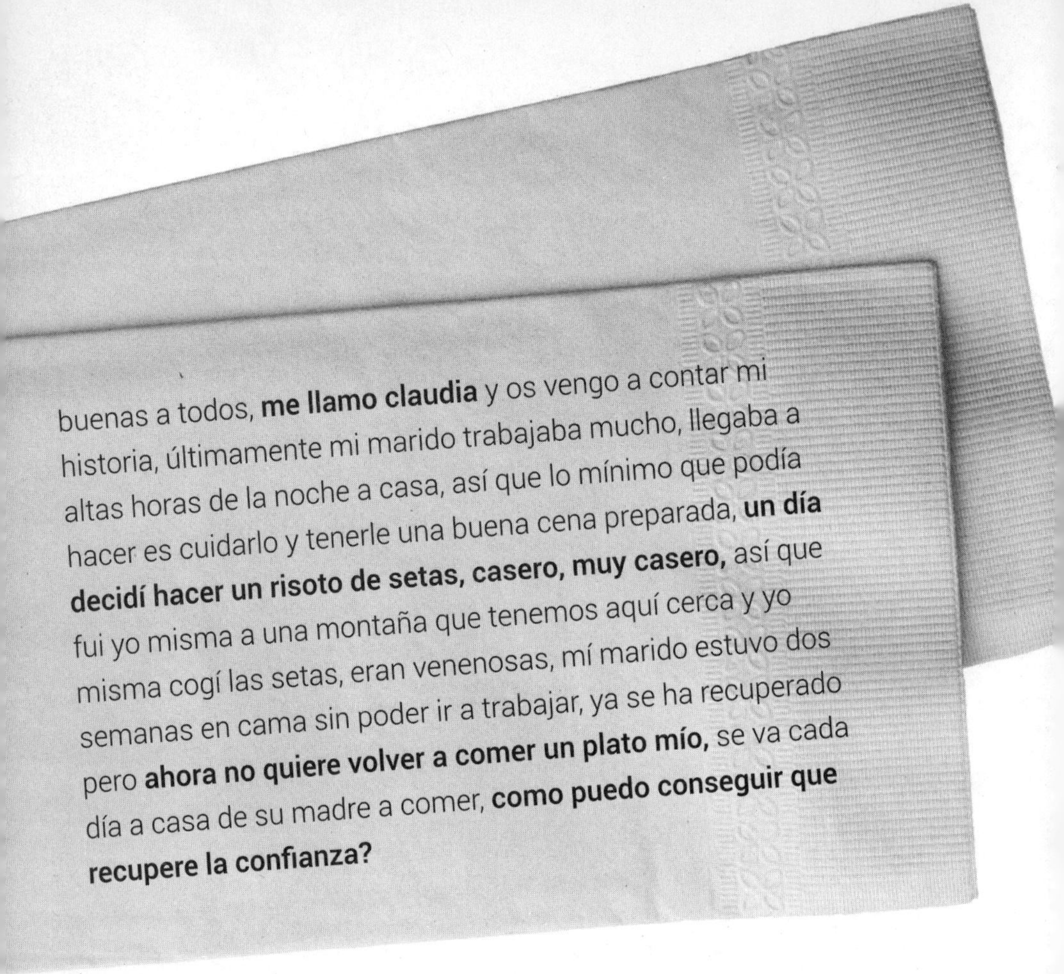

Madre de Dios..., ejem....

Hola Claudia, ¿qué tal? Parece que lo que hiciste con el objetivo de sorprender y mimar a tu marido casi termina produciendo el efecto contrario. Muy contrario.

Pero, a ver, hay algo que no has dejado claro en tu mensaje: ¿el *risotto* estaba bueno? Debo decir que yo soy muy fan del *risotto.* Como buen fan lo he pedido en muchos restaurantes y bares, y me han puesto muchos muy lamentables. Es decir, no me malinterpretes, pero tal como está la calidad de los *risottos* en este país... un par de semanas en cama me parece hasta barato.

TU MARIDO ES UN DESAGRADECIDO.

Llévalo al típico bar de menú y pídele un *risotto,* verás como él mismo te suplica que vuelvas al bosque a coger setas. Y a poder ser venenosas, que dan más saborcillo.

hola **me llamo luis y tengo un problema** que me gustaría comentar con vosotros. tengo una manía. pero no una manía normal todo lo contrario es muy raro. llevo 5 años con mi pareja y tengo la manía de que cuando dormimos y ella esta dormida **me introduzco los dedos en el culo y se los pongo en la nariz** entonces ella al levantarse dice que no sabe que pasa que tiene pesadillas y se levanta con olor raro en las fosas nasales **a mi esto me excita mucho se que no esta bien necesito ayuda**

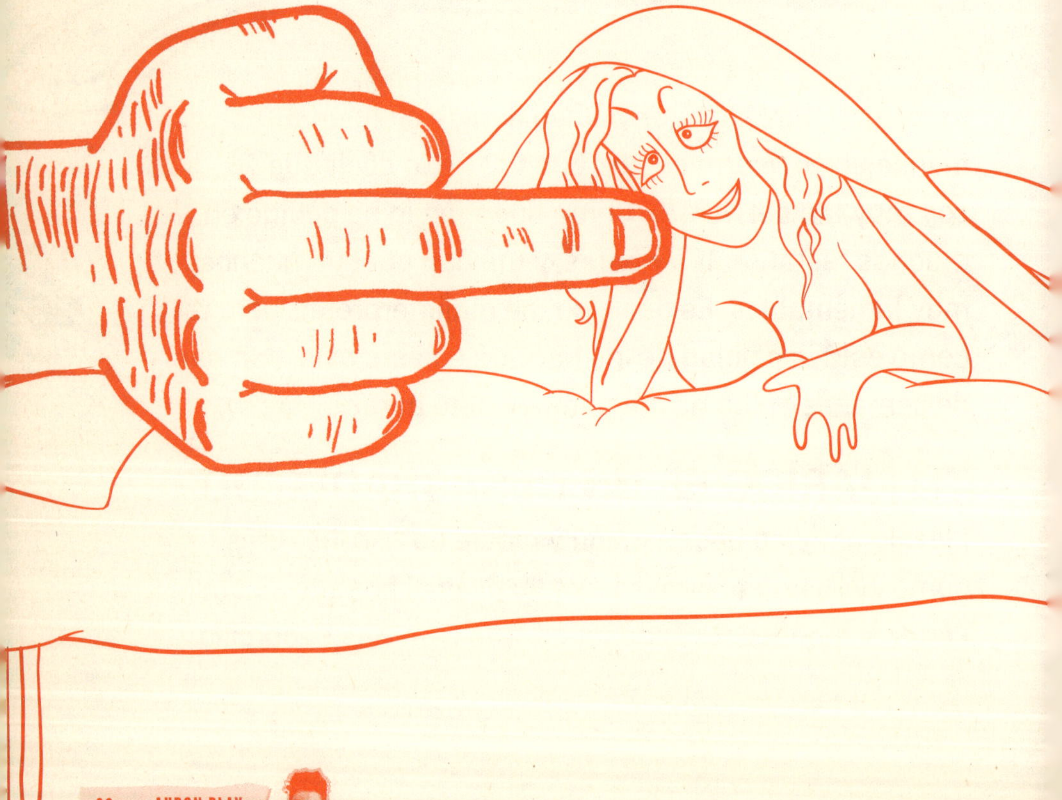

Este, señoras y señores, es uno de los mejores mensajes que me he encontrado por los mundos del internet. De hecho, ya lo comenté en un vídeo. Pero creo conveniente volver a revivir este fantástico relato. Espero que disfrutéis leyéndolo, tanto como yo en su día.

Y sí, habéis leído bien: un tipo nos explica que, cuando su novia se ha dormido, él, con nocturnidad y alevosía, se mete los dedos en lo que viene a ser el orto y a continuación se los planta a ella debajo de la nariz. Esto a la chica le provoca pesadillas... ¡Joder! Imaginad cómo debe de ser la cosa para que a la pobre le altere los estados del sueño.

Lo que más me impacta de este mensaje es que la persona que lo escribió sabe que lo que hace no está bien. Es más, al final del mensaje pide ayuda, pero a pesar de todo...

¡LO SIGUE HACIENDO!

olas, hace unas semanas mi noyio y yo fuimos al ikea a comprar una estanteria para el baño, ya sabeis, de estas para poner toallas, pues bien, llegamos a casa, empezamos a sacar todas las piezas y empezamos a montar pero no habia manera no encajaba, en un principio nos reiamos y haciamos chistes pero mi noyio se empezo a poner nervioso y hasta me dijo que me fuera y que lo dejara a el, despues de yarias horas no fue capaz de montarlo, he estado mirando por internet y resulta que los agujeros estan defectuosos pero mi marido se niega a cambiarlo dice que debe montarlo asi incluso **me ha dicho que si lo cambio a sus espaldas se ya de casa,** en serio, no se que hacer esta muy neryioso con este tema y a mi me esta quitando la salud

Ya sabía yo desde tiempos remotos que lo de montar muebles del Ikea provoca discusiones de pareja.

Pero hasta este punto... A ver si lo he entendido. Comprasteis un mueble para el baño y, tras dejaros las pestañas y la paciencia intentando montarlo, te has dado cuenta de que es imposible hacerlo porque el puñetero mueble está defectuoso, con lo cual hay que cambiarlo por otro. Peeeeero... a tu novio le ha dado un pronto raro y, después de haber invertido chorrecientas horas en el intento, por puro orgullo se niega ahora a cambiarlo.

Comprendo que para un MACHO ALFA no saber montar un mueble Ikea sea algo humillante: es como un disparo de recortada en el orgullo. Pero esto es diferente: si el mueble está defectuoso ya no es problema de saber o no saber, es que simplemente está defectuoso.

LAMENTABLE.

estoy bastante rayao la verdad aora con la movida esta del **tik azul del watsap** he pillao a la parienta pasando del tema le escribo la muy pajara lo lee y pasa de mi sabes y luego me dice ke no ke estaba pocupada cuidando de su abuela la he pillao pero bien pillada la dejo o que

Vayamos por partes. Para los que no entiendan el mensaje, resulta que desde hace algún tiempo WhatsApp ha activado una nueva función que permite identificar los mensajes que han sido leídos por el destinatario marcándolos con un «doble tick» de color azul.

Vale. Aclarado esto, entremos en materia. Resulta que le envías un wasap a tu churri y no te contesta. Y, no contenta con esto, te dice que no lo hace porque está cuidando de su abuela.

Pues sí, colega. **ES MÁS QUE PROBABLE QUE LA ABUELA EN CUESTIÓN SE LLAME JONATHAN, MÁS CONOCIDO EN EL BARRIO COMO «JONY EL GANZÚAS».**

Así que tú mismo.

Saludos, amigo.

> **porque la gente en los lavabos de un bar o una discoteca se mea fuera?** es que estoy ya harto hombre esto no es normal ya vale estoy cansado de ir y tener que navegar entre orines tan díficil es mira **como pille a alguien alguna vez orinando fuera le corto la churra de verdad que lo hago**

Está claro que dominas perfectamente todo lo relacionado con los orines en lugares públicos, pero lo que es el tema de las comas parece que no lo controlas tanto, ¿eh, pillín?

A pesar de esto, tengo que darte la razón. Yo mismo, muchas veces, le he dado vueltas a este mismo asqueroso tema y apenas soy capaz de sacar conclusiones.

Tal vez haya algún tipo de premio, o bonificación, para aquellas personas que sean capaces de mear más y mejor fuera del WC, y resulta que no nos hemos enterado. ¿Te imaginas? Lo mismo tú y yo estamos haciendo el pringao haciéndolo dentro y tirando luego de la cadena, mientras los demás se llevan tooodos los premios.

Es más, cuanto más lo pienso, más fuerza va tomando esta teoría. Recuerdo una vez que fui a los lavabos de un bar y había meados hasta en el techo. Esto ya es nivel profesional, compañero.

EL AUTOR DE SEMEJANTE OBRA DE ARTE TUVO QUE LLEVARSE UN PREMIO QUE TE CAGAS.

odio tocar comida mojada

Creo que es el *post* más corto que he visto nunca, pero ¡vaya si tiene razón!

Miles de años de evolución han hecho del cuerpo humano una máquina casi perfecta, resistente a todo tipo de agresiones y capaz de proezas tan locas como recorrer más de 1000 kilómetros en bicicleta descansando lo justo. Pero, oye, cuando vamos a fregar los platos y rozamos sin querer un trocito de comida mojada... **¡ES QUE NOS VENIMOS ABAJO!** Es más, a mí me ha pasado más de una vez y puedo aseguraros que se me jode el día.

Curioso, la verdad.

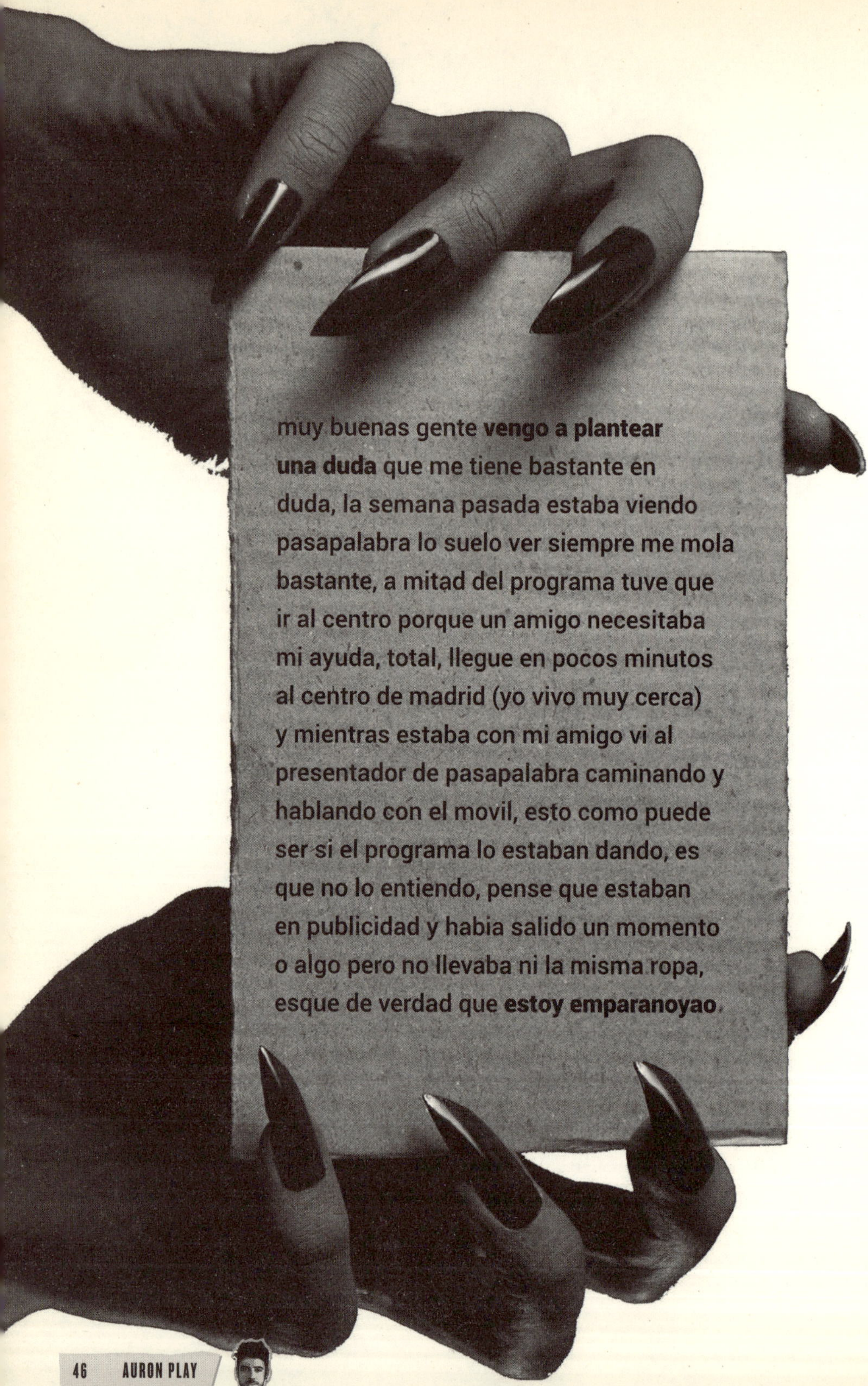
muy buenas gente vengo a plantear
una duda que me tiene bastante en
duda, la semana pasada estaba viendo
pasapalabra lo suelo ver siempre me mola
bastante, a mitad del programa tuve que
ir al centro porque un amigo necesitaba
mi ayuda, total, llegue en pocos minutos
al centro de madrid (yo vivo muy cerca)
y mientras estaba con mi amigo vi al
presentador de pasapalabra caminando y
hablando con el movil, esto como puede
ser si el programa lo estaban dando, es
que no lo entiendo, pense que estaban
en publicidad y habia salido un momento
o algo pero no llevaba ni la misma ropa,
esque de verdad que estoy emparanoyao.

La madre que me parió...

Te voy a ser sincero. Iba a contestarte en plan de coña, siguiendo el hilo conspiratorio de tu historia, pero te veo tan asqueado que te voy a contestar bien.

Pasapalabra, como muchos otros programas de la tele, está grabado: no es en directo. Es decir, mientras el programa se emite es muy probable que el presentador esté en un bar tomándose unas cañas.

O... QUIZÁ NO. ¿¿ALIENS??

bamos a ver **que me estoy poniendo ya muy nervioso**, resulta que una empresa me ha mandado un contrato para que lo firme, me han dicho que lo firme, yo no tengo impresora me cago en la hostia que tengo que hacer, ir a un sitio para que me lo imrpiman, firmarlo y luego escanearlo y enviarloooo??? pero esto k es ombre a tomar por culo paso de trabajr me voy a pasar toda la tarde dando weltas **pa una mierda me pillo el paro jajajaja**

Tranquilo, hombre, no te pongas nervioso: aquí estamos para ayudarte, tete.

Según he entendido, te han enviado un contrato por correo electrónico con la aviesa intención de que lo imprimas, lo firmes, lo escanees y, finalmente, lo reenvíes firmadito de vuelta. ¿Es así?

PFFF, TIENES RAZÓN, TETE. ¡MENUDA TRABAJINA! DE SOLO PENSARLO YA ME HE MAREADO UN POCO.

¿PERO QUÉ SE HABRÁN CREÍDO?

ESA EMPRESA CLARAMENTE ESTÁ ABUSANDO DE TI.

Pasa de ellos, tete: no te merecen.

Muy buenas, el otro dia **fui a cenar a un japones** y la verdad es que comi bastante pescado crudo como es logico en estos sitios, el pescado estaba completamente crudo pero estaba bastante weno, total, que fue llegar a casa y notaba como cosas por el estomago y un pequeño dolor, no muy grave pero si molesto, **es posible que el pescado este vivo** y este dando vueltas por mi estomago? Que puedo hacer? Debo alimentarlo o dejarlo morir? **Tengo miedo de que me coma algun organo** vital de esos que hacen falta para vivir, gracias estoy baustante preocupaodsdds.

Santa María madre de Dios...

Vale, yo creo que ya sé lo que ha pasado aquí, es muy posible que los trozos de pescado que te hayas comido se hayan unido entre sí y de esta manera el pez en cuestión ha sido reconstruido y devuelto a la vida.

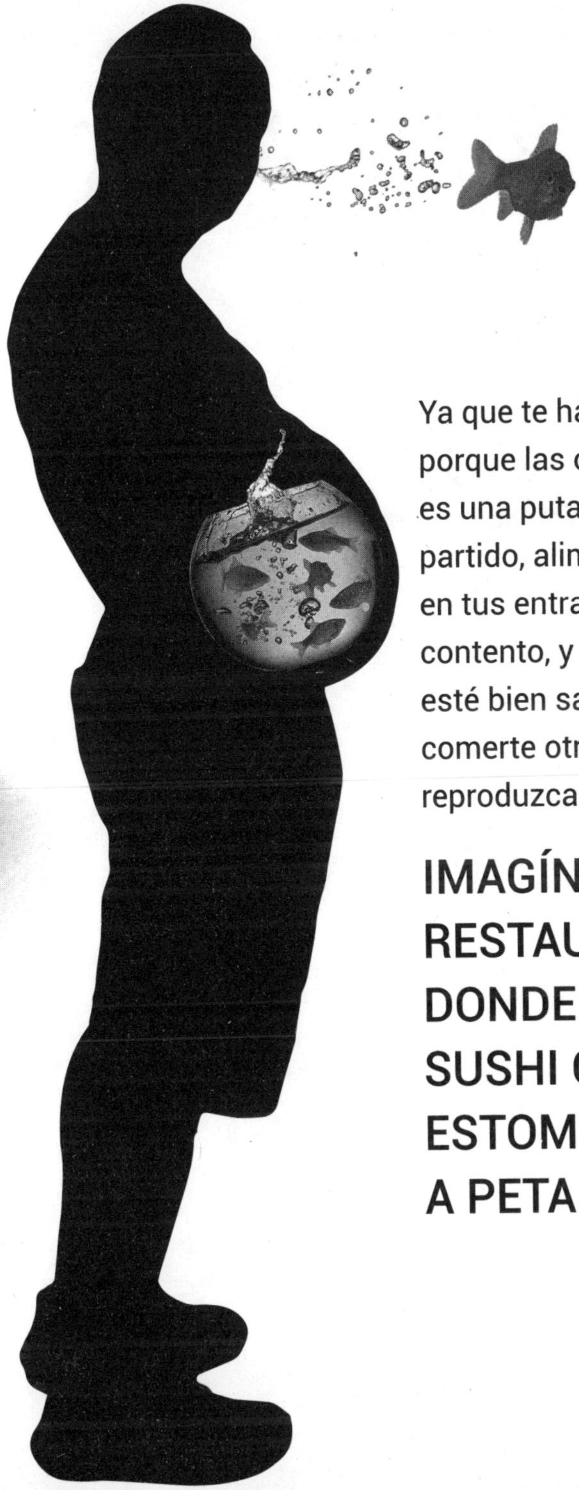

Ya que te ha pasado esta putada, porque las cosas como son, esto es una putada, deberías sacarle partido, alimenta al pez que llevas en tus entrañas para tenerlo contento, y después, cuando esté bien sano y fuertote, intenta comerte otro pez para que se reproduzcan entre ellos.

IMAGÍNATE UN RESTAURANTE DONDE PONGAS SUSHI CRIADO EN TU ESTOMAGO, LO VAS A PETAR, CHAVAL.

Llebo varias oras bomitando desde ke me he he enterao que **la lexe sale de las tetas de una vaca** madre mia donde vamos a ir a parar jajaja

jajajaja, joder,

es que a veces es inevitable reírse, hay comentarios que son la hostia.

Dejando aparte que es un poco lamentable que te enteres a estas alturas de dónde proviene la leche, te diré que espero que no seas asiduo a comer callos, porque como te enteres de dónde vienen...

A TI TE DA UN ATAQUE AL CORAZÓN O ALGO POR EL ESTILO.

Es eso verdad que dicen que el facebook **entrega mis datos personales al FBI?** Osea, cualquier dia me vienen a casa tocar los cojones o que? **Estoy bastante mosqueao** con este tema si es verdad lo que dicen no hay derecho la verdad.

Eh, eh, ehhhh, quieto parao', amigo mío, estás un poco nervioso.

Facebook solo entregará tus datos a las autoridades correspondientes de cada país en el caso que tú incumplas la ley, ¿entiendes? Si no has hecho nada no tienen por qué entregar tus datos a nadie, aunque por tu reacción puedo llegar a deducir (yo solito) que estás acojonao' por algo, ¿eh?

Tranquilo, si le has dicho al Jona por el chat de quedar a las 7 en el parque para fumar unos porrillos puedes estar tranquilo, no va a ir el FBI a tu casa a punta de pistola.

(O SÍ) (NO FUMES)

estoy mirando una web donde venden camisetas por internet **y yo nunca he comprado nada por internet,** ay una camiseta que me gusta especialmente es muy buena pero tengo varias dudas para saber como comprarla, pone que tengo que pagar con la tarjeta **yo tengo tarjeta pero como la paso por el ordenador?** va como con un codigo de barras o algo? En que parte del ordenador hay un lector de tarjetas?

Es seguro?

No quiero ser descortés, de verdad, pero…

¿tú de dónde has salido?

¿Has estado los últimos 10 años secuestrado o encerrado en una cueva?

Para leer la tarjeta tienes que tener un ratón de láser, ya sabes, de estos que tienen la lucecita roja abajo. Pues bien, teniendo el ratón de láser simplemente tienes que pasar la tarjeta por la luz roja y automáticamente el PC leerá los datos de tu tarjeta.

FÁCIL Y SENCILLO.

> **Pido maxima seriedad** para esto que os voy a explicar, el otro dia **hice la wuija con mi hermano** y desde entonces pasan cosas muy raras yo creo que hay un
>
> demonio o algo encerrado en casa lo que pasa que no lo veo no se porque igual se esconde el muy canalla **como**
>
> **lo pille lo destruyo** de un puñetazo en la cara hijo puta

Madre mía, cálmate, estás muy nervioso.

Has empezado comentando el problema y tu solo te has ido calentando.

Mira, viendo cómo estás de los nervios, si yo soy el demonio, salgo por patas de tu casa. En serio, me imagino al demonio yendo al baño un segundo y tú pillándolo del cuello y haciéndole una llave mortal.

Márcate una estrategia, espera a que vaya al baño o algo, cógelo de la pechera y habla con él, dile que si se quiere quedar en tu casa tiene que pagar alquiler y fregar la cocina, sé un poco listo y saca provecho.

SI LE PEGAS ES PEOR,
NEGOCIA.

Hola, me llamo Javier y tengo 13 años y tengo una pregunta importante, desde hace tiempo se que santa claus no esiste o eso me han dicho... pero yo creo que si porque escucho ruidos raros todos los años.... a mi me gustan los rejalos pero porque mis padres dejan que un señor entre en mi casa y por ejemplo yo eso no lo puedo hacer en la del vecino no se... yo kreo que eso no es legal pero, esa es la pregunta, **porque se le permite eso?????¡???**

Hola, Javier.

Digamos que Santa Claus es como el rey, no se le puede juzgar.

Es decir, Santa Claus puede entrar en tu casa tranquilamente.

Y no solo eso, yo tengo un amigo que vio cómo Santa Claus entraba en su casa y se hacía un bocadillo de mortadela y el cabrón dejó las migas sin recoger, incluso dejó abierto el paquete de mortadela,

¿tú te crees?

LA MORTADELA SI LA DEJAS ABIERTA SE PONE POCHA, MENUDO CABRONAZO EL TÍO ESTE.

alguien sabe si **hecharle un poco de canela a tu perfume ayuda a atraer hombres,** alguien lo ha probado??? 😷

Hombres no te sabría decir al cien por cien,

PERO LAS AVISPAS DE TU BARRIO SE VAN A VOLVER LOCAS CONTIGO,

VAS A SER LA NUEVA ABEJA REINA.

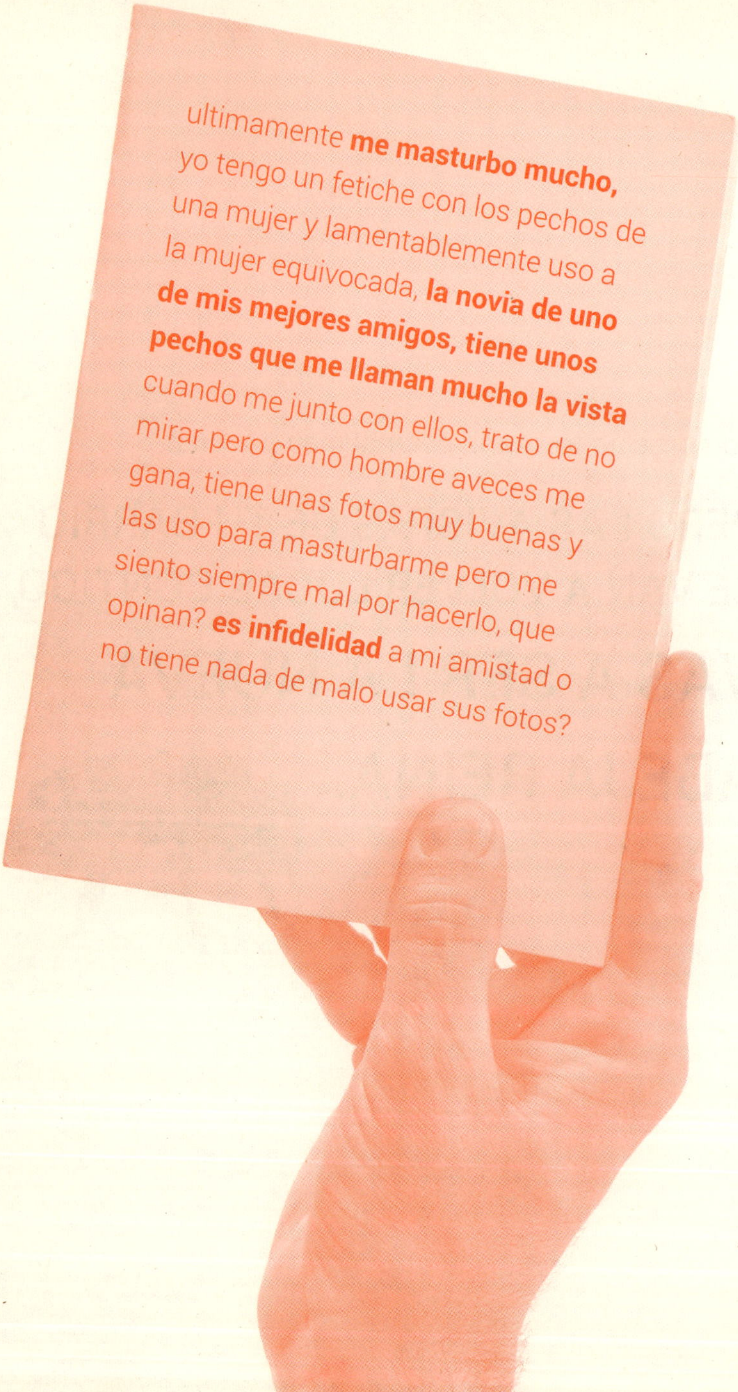
ultimamente **me masturbo mucho,**
yo tengo un fetiche con los pechos de
una mujer y lamentablemente uso a
la mujer equivocada, **la novia de uno
de mis mejores amigos, tiene unos
pechos que me llaman mucho la vista**
cuando me junto con ellos, trato de no
mirar pero como hombre aveces me
gana, tiene unas fotos muy buenas y
las uso para masturbarme pero me
siento siempre mal por hacerlo, que
opinan? **es infidelidad** a mi amistad o
no tiene nada de malo usar sus fotos?

Bonito,
lo que viene a ser bonito,

no es;

es decir, yo no creo que a tu amigo le hiciera mucha gracia saber que le sacas punta al lápiz pensando en su chica, pero oye, el pensamiento es libre.

Eso sí, ojo, cuidado cuando quedes con ellos. Si te quedas «embobao» ahí mirándole la pechera a su chica

IGUAL TE CAEN UNAS HOSTIAS UN DÍA DE ESTOS.

Hola **tengo 20 años** y a mi me gustan los pañales porque son muy comodos así acolchonaditos y suaves, me hacen sentir seguro, además ya no voy al baño

Vale, vale, nos ha quedado muy claro, se te ve una persona de ideas fijas, ¿eh?

Pero digo yo... según has dicho, tienes 20 años, edad más que suficiente para relacionarte con chicas... ya sabes...

hacer pipí, es una sensación increíble, **y no quiero dejar de usar pañales**

El día que estés con una chica y vayáis a dar el paso a la cama, cuando ella te quite los pantalones y te vea con pañales, ¿no crees que esto será un problema? Aparte, si haces pipí como has dicho en el pañal no me quiero imaginar la puta peste que debe hacer eso.

JODER, ESTOY CANSADO DE FINURAS, VE A UN PSICÓLOGO, **GUARRO.**

Alguien sabe como pasar un **mp3**
(una cancion solo sonido) a **videoclip?**

Emmmm... sí, claro,
es bastante sencillo.

Mira, seleccionar el archivo

.mp3

y lo cambias de formato a

.vclip,

es muy sencillo.

Una vez cambiado el formato
solo tienes que abrir el archivo
y automáticamente podrás
disfrutar de un videoclip grabado
en cuestión de segundos,

podrás ver a tu artista favorito en un videoclip que ni siquiera él ha grabado.

PURA MAGIA.

si necesitas un **psicópata**
escríbeme. jejejee

Gracias, me lo apunto.

Uno nunca sabe cuándo va a necesitar un buen psicópata, yo siempre llevo uno encima por lo que pueda pasar. Gracias de verdad.

Pues ultimamente **no he dormido muco** y tal vez sea eso, pero no siento que pase el tiempo primero veia el reloc y eran las 2 am, y en un respiro me dio 5am, y nisiquiera senti 30min ....y ahora eran las 9 y senti que pase 40min en la compu y solo han pasado 15..... **me estoy volviendo loco!? que tengo!?!?**

Hola,
¿has probado a cambiar
las pilas del reloj?

A veces estando sola o no me imagino ver monstruos o animales a los que les tengo fobia como arañas o ratas. No es que los vea, solo me imagino "y si apareciera"? o me imagno que a mi lado hay una niña o alguien... cuando hago limpieza es todo un tema, porque **me imagino que debado de la cama saldrá algo o alguien.**

Trato de escuchas música para distraerme... no sé que tengo

Te entiendo perfectamente,

a mí me pasaba algo bastante similar.

Hace años me daba la sensación de que
un oso pardo se escondía
en mi armario, la verdad
es que notaba hasta
el olor en la ropa,
ya sabes, a animal
salvaje.

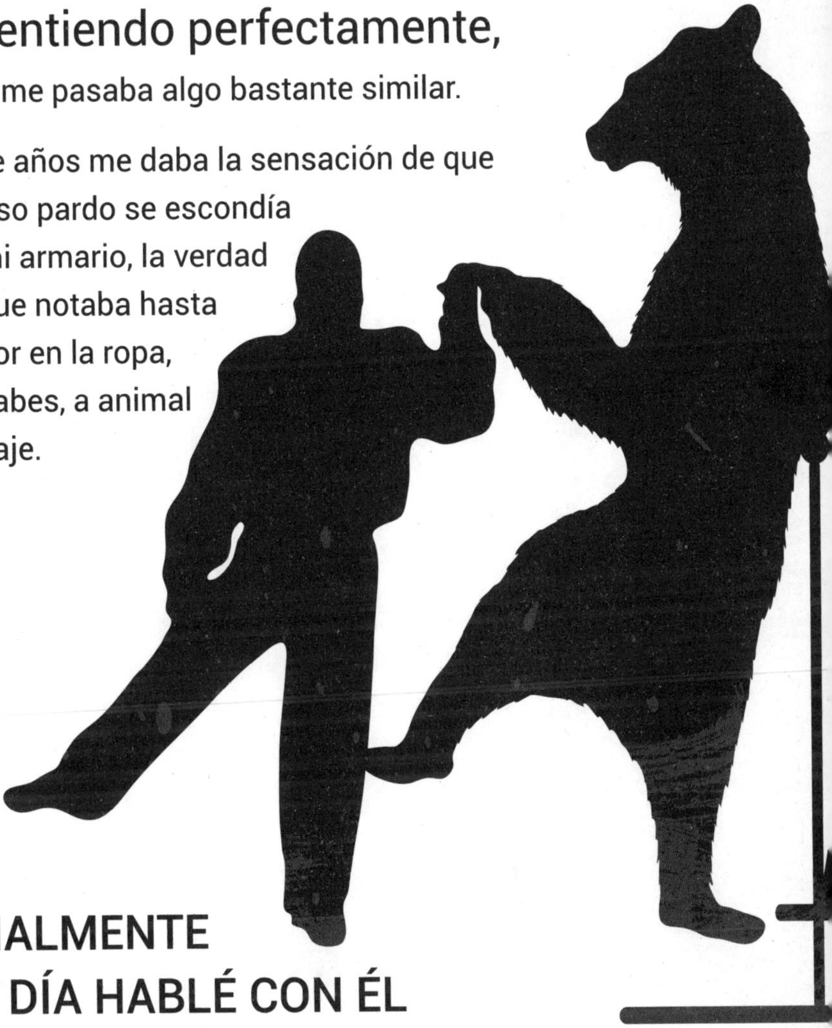

**FINALMENTE
UN DÍA HABLÉ CON ÉL
Y DESDE ENTONCES USA
DESODORANTE,
AHORA 0 PROBLEMAS.**

Hola les cuento mi situación. **Ya tengo con mi novio mas de un año** y nuestra vida sexual es muy activa de hecho bastante diría yo. Pero de un tiempo para acá el **a desarrollado un extraño hábito de olerme mi trasero** todo el tiempo en todo momento.

Cuando vengo del gym toda sudada y llego me empieza a oler y luego despues de quitarme mi pantalonera de lycra el la agarra y la huele y dice que le gusta ese olorcito a cola sudada. Igual cuando hacemos el amor el directamente va hacia mi trasero y lo empieza a oler y dice que le excita mi olor, y esto últimamente me a empezado a causar una sensación excitante tambíen.

Que opinan? Creen que mi novio esta mal o yo por empezarme a gustar esto tambíen? **Hombres ustedes hacen esto tambíen.** Gracias a todos y espero sus respuestas. Besitos.

JAJAJAJAJA,

perdón, es que me estaba imaginando la situación..., tú recién llegada de hacer la compra y el otro yendo desesperado a olisquear tu culo.

A ver, normal, lo que se dice normal, no es, pero te aseguro que por aquí he leído cosas mucho peores... Es más, me atrevería a decir que esto es de lo más normal que he leído por estos lares.

Por qué andarse con rodeos,
pregunto, díselo claro,

PREGÚNTALE SI TIENE COMPLEJO DE PERRO

o que cojones pasa aquí, que vaya a olerle el culo a su prima la del pueblo, coño.

También puedes lo que viene a ser cagarte en toda su cara para que aprenda la lección, así te aseguro que no se vuelve a acercar... o a lo mejor le gusta más.

**JODER, NO SÉ,
ME ESTÁS QUITANDO
EL HAMBRE.**

Mi abuela es vieeja

¡HOSTIA!
¡LA MÍA TAMBIÉN!
OYE,

¿NO SEREMOS FAMILIA?

Hola!
tomo la pastilla como anticonceptivo pero **he perdido el alibido** completamente y tengo problemas con mi novio. sabeis alguna pastilla para aumentalo? he visto que menciona la **viagra femenina** alguna experiencia??
saludos !

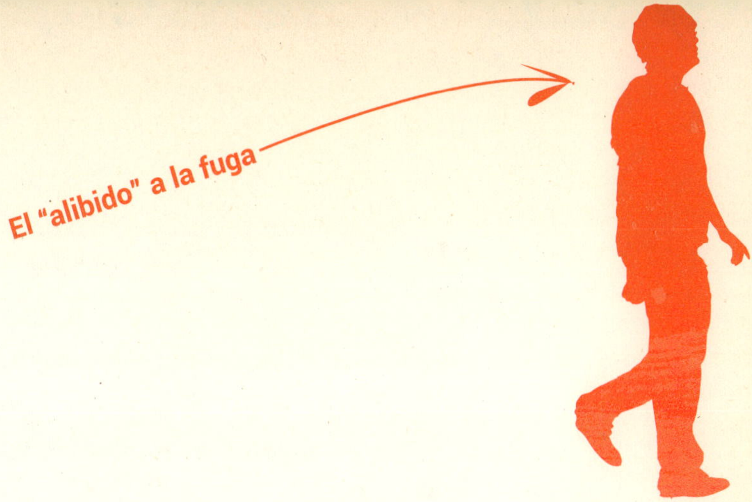

Tranquila,
que no cunda el pánico,
vamos a pensar...

¿Cuándo fue la ultima vez que viste a ese tal «ALIBIDO»?

Igual estás aquí haciendo un drama y tu colega simplemente se ha ido a dar una vuelta o algo.

Si no aparece en tres días puedes ir a cualquier comisaría de Policía y denunciar, pero deja pasar esos días por si acaso vuelve. No te ralles, tete,

SEGURO QUE APARECE.

Me ha parecido ver a Jesucristo por calle, es sto posible o igual era alguien que se le parecia mucho¿ **me fije en las manos para ver si tenia las heridas de los clavos pero llevaba guantes.**

En efecto, ese señor era Jesucristo,

lo de llevar guantes lo confirma.

Es un buen tío, yo me lo he encontrado varias veces, incluso un día fuimos a tomar unas cañas, que por cierto, ahora que caigo, si lo vuelves a ver dile que le debe a un tal AuronPlay 5 €,

MENUDO TÍO, A LA HORA DE PAGAR SIEMPRE SE HACE EL LOCO.

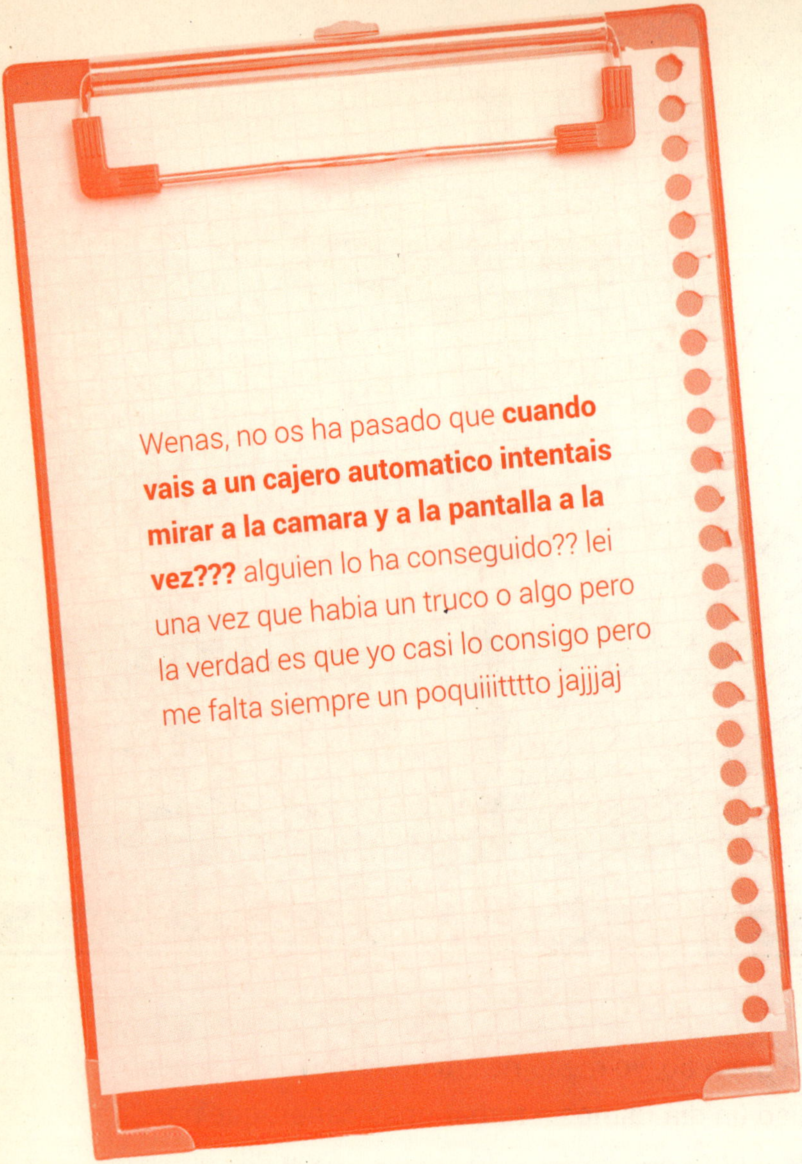

¡CUIDADO!

Aunque no lo parezca este es un tema muy serio.

Voy a confesarte algo, querido amigo.

Cuando tenía unos 12 años, conseguí mirar a la cámara y al monitor a la vez. Pasó algo terrible: se abrió una especie de portal de fuego a otra dimensión; el portal tenía un poder increíble, me absorbía. Suerte que pude agarrarme al bolso de una anciana, me salvó la vida.

MUCHO CUIDADO CON ESO, AMIGO, NO ES UN JUEGO.

Algun truco
para liberar
el LG G3??

Te voy a decir una manera,

aunque no sea la más correcta.

Un domingo cualquiera dile que vais a pasar el día fuera, mételo en el coche, conduce unos 200 kilómetros y párate en la primera gasolinera que veas, dile que baje para que le dé el aire un poco. En cuanto lo haga, móntate en el coche rápidamente y huye. Tu móvil será libre.

ESPERO QUE TE SEA DE AYUDA, A MÍ ME FUNCIONÓ CON MI IPHONE.

Bamos a ver si steve gobs a muerto **como s posible k sigan aciendo iphonee??** si el tenia la formula i tal hay algo aquí ke no cuadra sabes

Steve Jobs (gobs para los amigos más íntimos) antes de morir dejó en una caja fuerte los planos para construir nuevos iPhone; dejó los planos hasta el iPhone 23, a partir de ahí se supone que los ingenieros sabrán hacer el 24 sin necesidad de tener esos planos.

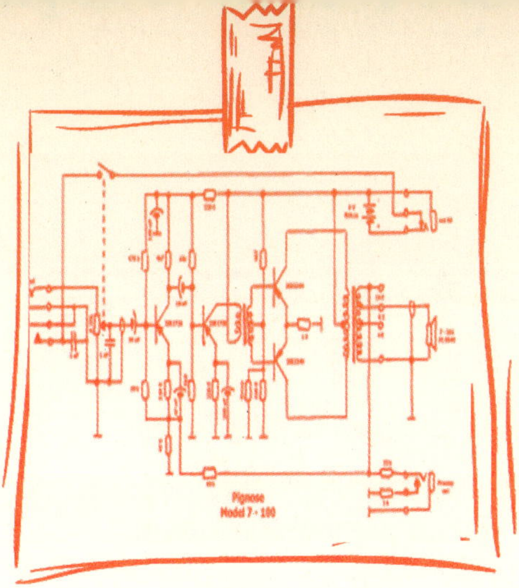

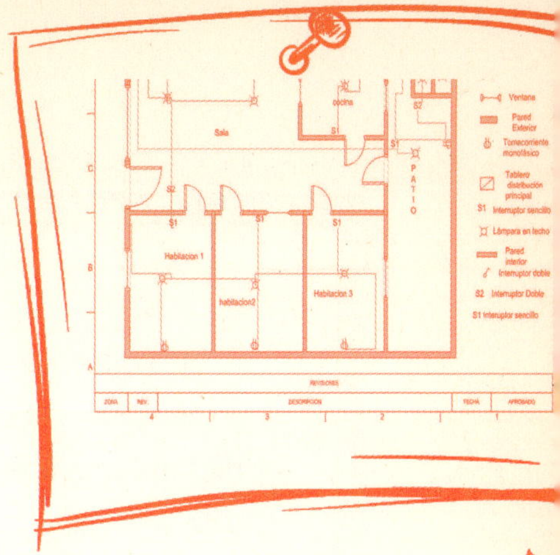

JODER,
ES QUE HAY
QUE EXPLICARLO
TODO, DE VERDAD.

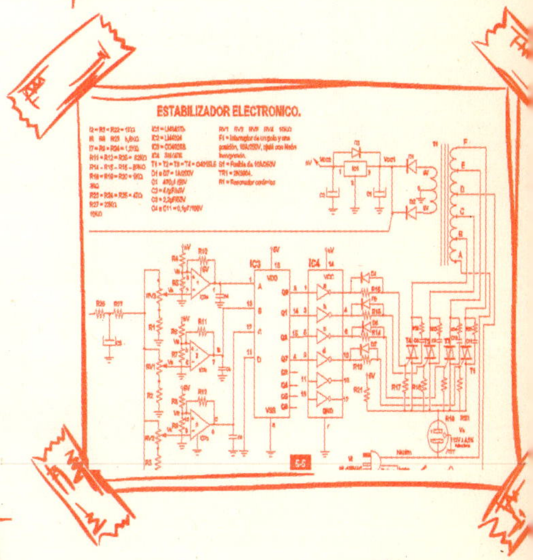

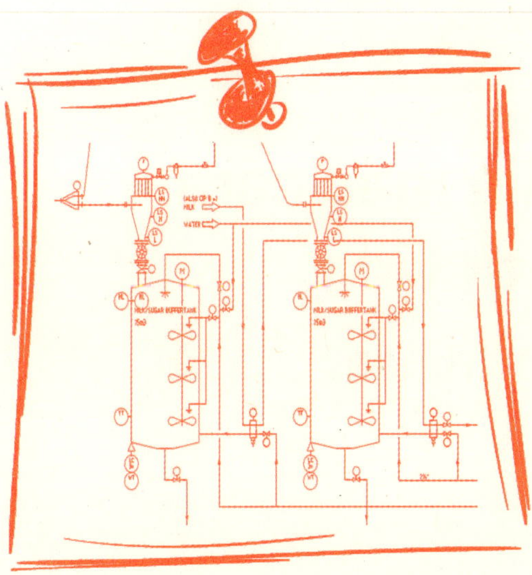

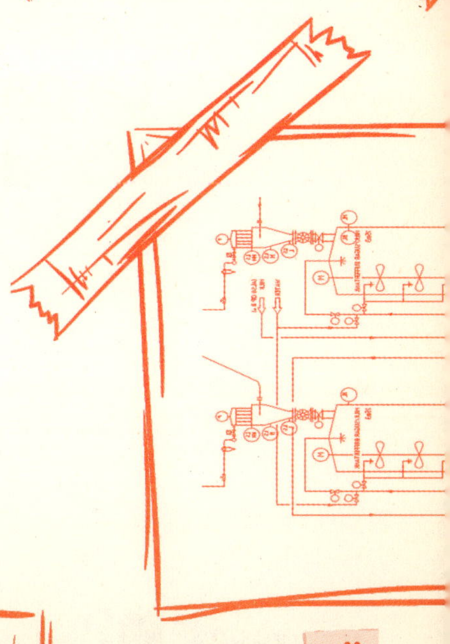

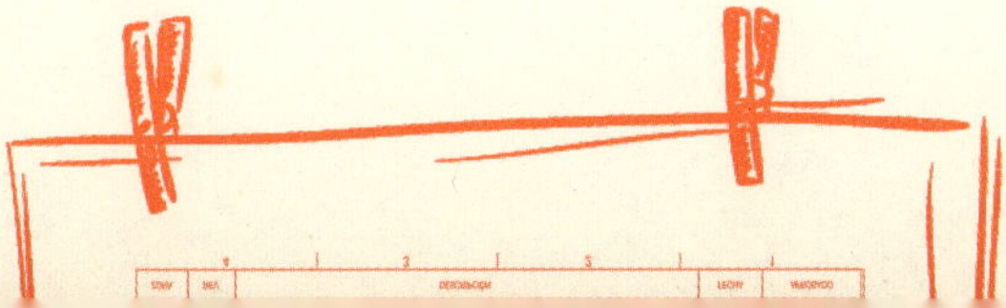

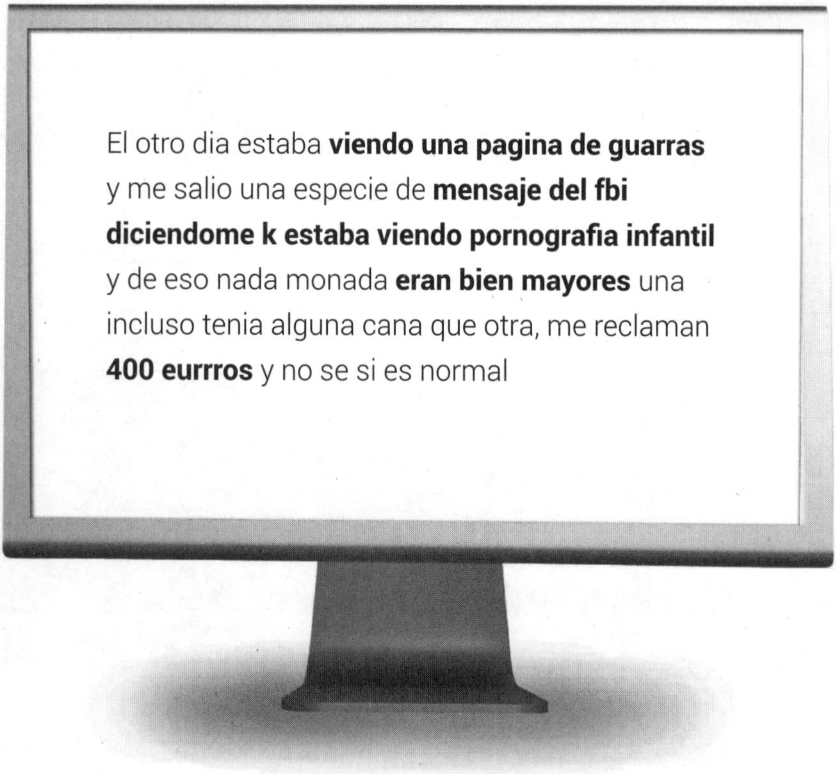

La pajilla más cara de tu vida,

¿eh, truhán?

Págalos. Yo tengo un amigo al que le pasó exactamente lo mismo y ahora está en una prisión de alta seguridad rodeado de violadores y psicópatas. Jamás ha vuelto a ser el mismo y ahora tiene fobia a su mano derecha porque le trae malos recuerdos, ya sabes, la mano derecha es la que utilizaba para afilar la espada y tal.

VA, VOY A SER BUENO, ES BROMA, TE ESTÁN TIMANDO, NO PAGUES.

hola la cosa es asi .. **estoy saliendo con un chico y hemos estado hablando mucho ..** pero hace 1 semana **se le corto el wifi y** ya se le acabo el abono .. solo hablamos 1 vez al dia cuando se conecta.. esto me esta matando ya que estoy re enganchada con el y al no hablar .. me pongo triste y mal .. me siento sola y me da mucha ansiedad... **de verdad lo amo y quiero estar con el ..** pero esto de no hablar nada me esta matando ! que hago ??? mi corazon me dice que espere y siga con el .. **pero mi mente me dice que termine todo ..** que hago ?? ayuda porfa me siento mal

¿Y si le llamas al móvil?

Si él no tiene móvil puedes llamarle a casa; si no tiene teléfono en casa puedes llamar al teléfono de algún familiar de esta persona y que te lo pasen.

O TAMBIÉN PUEDES DECIRLE QUE PAGUE LA FACTURA DEL ADSL.

quien necesite repuestos
yo se los tengo
llamen 3******361

¿Cómo? ¿Repuestos de qué?

¿REPUESTOS DE QUÉ?
¡¡NECESITO MÁS INFORMACIÓN!!

¡¡NO PUEDO VIVIR
CON ESTA ANGUSTIA!!
¡¡¡¡¡¡¡¡¡¡RESPUESTOS DE QUÉ!!!!!!!!!!

AAAAAAAAAAAAAAAAAAAA

—LE EXPLOTA EL CEREBRO—

Ultimamente **mi novio se ha estado portando de una manera indiferente y fria.** Le pregunte que le estaba ocurriendo y me contesto que nada.

Supuse que ya no quería estar conmigo y se lo pregunte para que no nos andarmos con rodeos, a lo que el me respondió que siempre quería estar conmigo, por lo que entonces no encuentro la razón de su indiferencia.

Si no quisiera estar conmigo le di la excusa perfecta para que pudiera safarse, pero entonces, que ocurré??? Lo amo mucho y no se que hacer para que otra vez se reavive esta relación.

Esta bien si lo hago sufrir un ratito? pero cómo?

Esta es fácil, ya tocaba una pregunta sencilla.

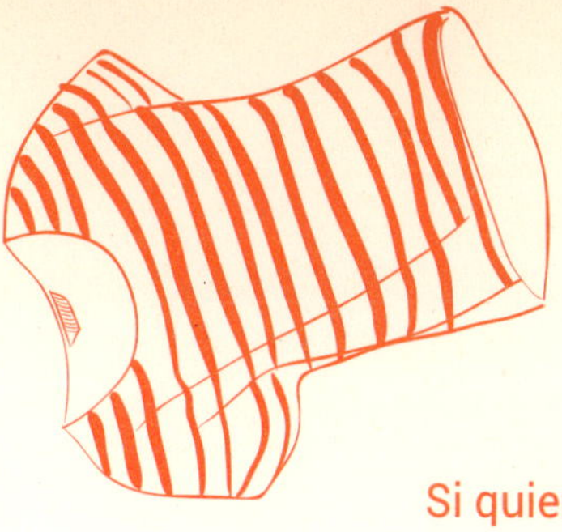

Si quieres hacer sufrir a un hombre
hay mil maneras y todas muy eficaces,
PERO HAY UNA QUE DESTACA BASTANTE SOBRE TODAS LAS DEMÁS.

Un sábado cualquiera proponle ir a dar una vuelta por la tarde. Cuando llegue la hora de empezar a arreglarte pruébate varios vestidos, pantalones, camisetas y pregúntale cuál le gusta más. Una vez te responda solo tienes que añadir: ¿seguro?

ENHORABUENA, TENDRÁS A TU CHICO AMARGADO DURANTE UN BUEN RATO, YA QUE

A NOSOTROS TODOS LOS VESTIDOS, CAMISETAS Y PANTALONES NOS PARECEN IGUALES

Y LO ÚNICO QUE QUEREMOS
ES SALIR YA DE CASA
DE UNA PUTÍSIMA VEZ.

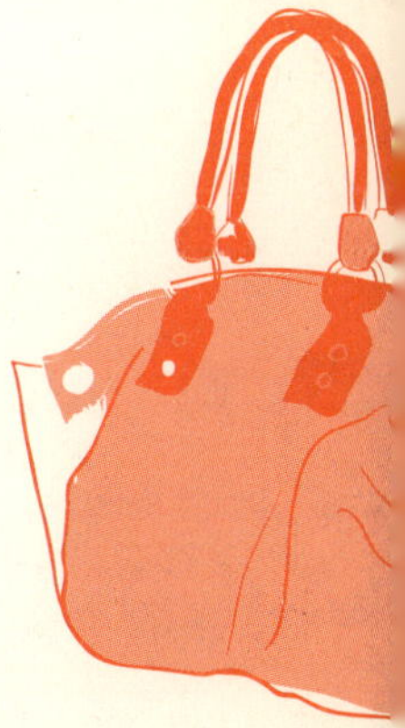

Necesito consejo, la verdad es que estoy bastante preocupada, llevo 4 años con mi chico y el otro día estando en su PC **me di cuenta de que tenía una cuenta de Badoo,** no pude callarmelo y se lo dije, a lo que el me contestó que es simplemente para hacer amigos, que en esa web el rollo amistad es lo más importante, me está engañando? **Me oculta algo?**

JAJAJAJAJAJAJAJA,
mira, la verdad es que te iba
a contestar algo ingenioso
pero me sabe hasta mal.

Badoo es el mayor portal de folleteo de este país, ahí no se entra para buscar amistad, más bien todo lo contrario. Oye, bien es cierto que igual sus intenciones son simplemente esas, jajaja, qué va, es broma, tu novio está ahí **PARA MOJAR LA PLUMA EN TINTA.** Siento ser así de claro, pero es que Badoo...

holA QUE TAL SON UN CHICO QUE **LE GUSTA PONERSE TOALLAS SANITARIAS** Y NO SE SI ES ALGUN PROBLEMA YA QUE ME EXITA MUCHO...

Toalla sanitaria...,

es decir..., ¿te gusta ponerte compresas? Pero bueno, pero esto qué es, qué he hecho mal en mi vida para tener que leer esto.

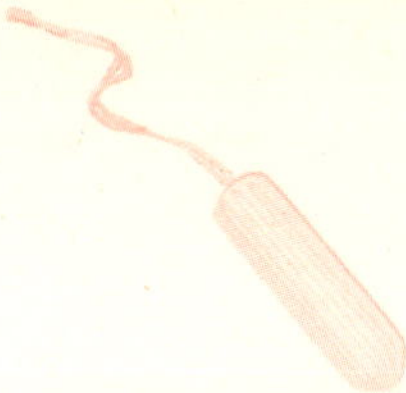

Métete un tampón por el culo, verás
qué divertido.

GUARRO.

Y cuanto más acelero,
¿más calentito me pongo?

JAJAJAJAJAJAJAJAJAJA, JODER,
SÉ QUE ES UNA CHORRADA

Y A MUCHOS NO OS HARÁ
GRACIA,

PERO ESTO TIENE QUE IR
EN EL LIBRO

JAJAJA

Hola:

Les cuento, cuando niño **quice experimentar algo para ver si me gustaba, me hice pipi, y me gustó.** Quisiera saber si hay más personas con ese gusto y si es muy malo hacerse pipi o no. Ahora me gusta.

Increíble historia, creo que hasta me he emocionado un poco.

Lo que no entiendo es como has podido aguantar sin hacer pipí hasta que decidiste probarlo, ¿no te ha petado la vejiga?

No sé, a mí también me gusta hacer pipí, es algo necesario, no sé qué tiene de especial esta historia.

Un momento..., me están hablando por el pinganillo, ajá, sí, entiendo... ¡¿QUÉ?!

Perdona, fallo mío, me comentan que te refieres a que te gusta orinar sobre personas.

CAMBIO Y CORTO, DEMASIADO PARA MI BODY.

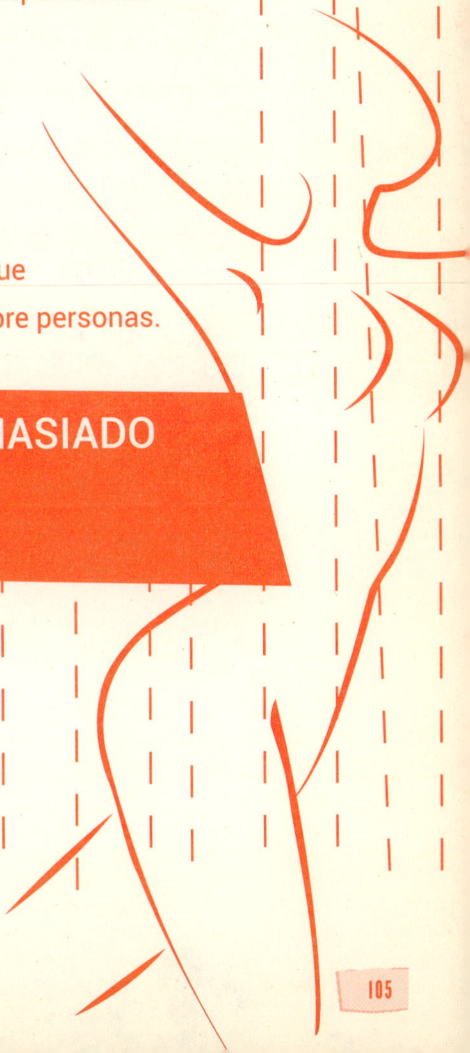

Hola q tal estais?

Me gustaria q me recomendarais, o q me hablarais de en vuestra opinion **las mejores paginas... chats o la mejor forma de conocer gente a traves de internet.**

Mi favorita hasta ahora era la de elplanazo.com q ademas es totalmente gratuita pero llevo ahi bastante tiempo con muy pocos resultados.

Gracias por vuestra ayuda

HOLA, YO TE RECOMIENDO

WWW.HACIENDA.COM,

AHÍ SIEMPRE HAY ALGUIEN

QUE VA A POR TI.

NUNCA TE SENTIRÁS SOLO.

buenas noches estoy **interesada en formar un grupo de chat en el whasapp** para conocer gente nueva soy de venezuela quien quiere unirse?

No lo entiendo, o sea, yo me paso la vida huyendo literalmente de los grupos de Whatsapp, ¿y tú los buscas?

He estado en varios grupos de Whatsapp y recuerdo esas épocas como las peores de mi vida.

Y no me vengáis con lo de "eh, auronplei pon el grupo en silensio y así no te molestan" porque aunque esté en silencio a la que abres la aplicación te encuentras ahí

8635368 mensajes sin leer

y sigue siendo algo horrible.

**PERO, EH,
PARA GUSTOS, LOS COLORES.**

Mi novio dice que nuestra relacion tiene que terminar pk **se va a vivir al polo norte**, sto es verdad?? alli hace mucho frio se va a congelar!!! **yo creo que es una escusca,** que opinais vosotros?

Una *escusca*, ajá, entiendo, sí...

Bueeeno, es posible que sea una *escusca*. Pero dejando aparte la posibilidad de que todo esto sea una *escusca*, también es posible que se vaya allí a despejar la mente, ya sabes: aire puro, focas, pingüinos... Todo eso ayuda a renovar la mente.

NO SEAS DESCONFIADA, MUJER, SEGURAMENTE EL CHAVAL TE ESTÉ DICIENDO LA VERDAD.

HAZLE UN ABRIGO DE LANA, QUE ME HAN DICHO QUE ALLÍ POR LA NOCHE REFRESCA BASTANTE.

Mi mejor amigo esta obsesionado con pokemon, **el otro día me lanzó un Impactrueno** y la verdad es que fue muy efectivo, que puedo hacer?

Santa María, madre de Dios...

¡Defiéndete, hombre,
no dejes que tu amigo te humille de esa manera!
La próxima vez lánzale tú un Kame-Kame-Ha y

DÉJALE LAS COSAS CLARITAS

A ESE NECIO.

Estoi hasta los huevos ya de mi gato pues no va y me dice que soy un perdedor y que no valgo para nada despues de todo lo que he hecho por el que estaba en la calle ahi todo muerto de hambre el muy hijo de puta y ahora me salta con esto de verdad yaq estoy arto no se que hacer pom mientras mejor le trato peor me contestaa a las cosas que le digo es un necio y un egoista **pero le amo**

Joder, ¡qué gato más maleducado!

Yo también tengo uno y el mío también me ha hecho alguna que otra jugarreta. Una vez me cogió cinco euros de mi cartera para irse al bar a beber anís El Mono. Lo pillé porque entró por la puerta dando tumbos y su aliento apestaba. Al principio lo negaba, pero al final el cabrón tuvo que reconocerlo.

Y eso no es todo. Otra vez fui a limpiar su casita y encontré un par de colillas de Marlboro.

¡El muy mamón fuma!

PERO TRANQUILO, NO HAY NADA QUE UN POCO DE DISCIPLINA NO PUEDA SOLUCIONAR. MUCHO ÁNIMO, ¡NO ESTÁS SOLO!

Que pasa, **resulta que nunca he sido fotogenico** la verdad que tampoco soy feo pero en las fotos siempre salgo con cara de mofeta, he visto varias aplicaciones que ponen filtros en la foto y te hacen ser menos feo ..... las he probado todas y salgo igual de mierda hasta he probado poner filtro sobre filtro y aun quedo peor que pasa????????????? **yo no soy feo ostiasssss**

No te pongas nervioso, hombre, así no vas a solucionar nada.

Si te haces una foto y sales feo, si le pones filtros y sales feo, y si le pones varios filtros y sales aún más feo...,

NO TE HAGAS MÁS FOTOS.

Las cámaras también tienen sentimientos.

FEO.

De tanto insistir a ex novio para que volvieramos me bloqueo y me dijo que ya no podia cagarla mas con el y q lo dejaraa en paz ,el kería pensarse las cosas o eso me dijo y no e sabido esperar...me lie a llamarlo y llamarlo y lllamarlo una vez tras otraaa y nada.y le mande 500 mensajes de texto y finalmente me dijoo q ya no podiaa cagarla mas y q lo dejara en paz¡¡¡¡¡ **ya auqn lo deje trankilo no va a kerer volver conmigooooo**

Es más que probable que tu novio esté hasta los cojones de que vayas detrás de él.

En cambio Vodafone, Movistar, o la compañía en la que tengas el móvil sin duda **TE AMA.**

¡500 MENSAJES DE TEXTO!

JAJAJA.

Hablaba con un chico, en Noviembre, y muy bien...pero en Marzo me dejo de hablar, así que yo pasé también... De repente me habla en Mayo, y hasta ahora.
Llevamos hablando todo el verano por whatsapp (incluso cuando estaba con sus amigos de vacaciones en la playa) unas veces iniciaba él la conversación, otras yo... **y de repente, me deja de hablar!!!!** por qué ya no le intereso? A veces creo que por que tendrá otro tonteo, los estudios... pero **todo el verano hablando... para esto?**

Igual el pobrecillo tiene mala cobertura, de ahí que un día te hable y otro no.

Es broma:
está pasando de ti.

Sii. Este verano se presento y me invito a tomar algo y ha empezado a venir entre mis amigos xq me va detras, para estar en los sitios donde yo estoy...va de amigo e y lo tengo encima en cada sitio donde estoy dandome conversacion, hablandome de el y preguntandome a mi x lo mio. El tema es que yo paso y se hace insistente, me agobia y me siento incomoda, si x mi parte no tiene señales q me deje. No se que hacer xq segun como le pegue un corte los demas estan delante y quedo yo mal xq tb es su amigo. Yo lo que quiero es q me deje en paz. Alguna respuesta por favor??? Gracias

Hola.

¿Has probado a decirle:

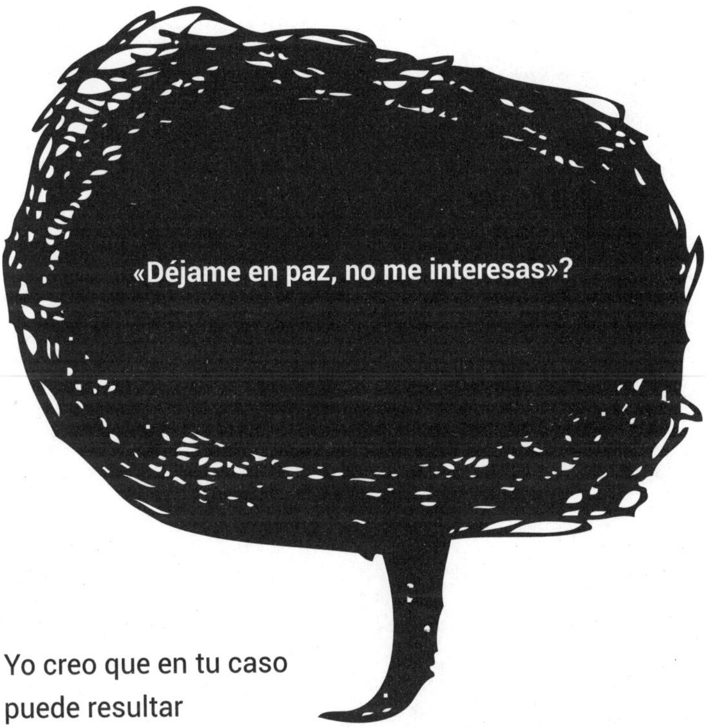

Yo creo que en tu caso
puede resultar
bastante efectivo.

FÁCIL Y SENCILLO.

Una consulta, **mi abuela me ha dicho que si me toco mucho la pililá (el pene) me puedo quedar ciego,** que hay de verdad en esto? La verdad es que de lejos ya no veo tan bien como antes.. yo creo que es mentira pero me estoy rallando un poco.

Siento ser así de tajante, pero tu abuela tiene razón.

Yo, gracias a Dios, no he sufrido los efectos secundarios de estos tocamientos, pero tengo un amigo —sí, tengo un amigo para cada ejemplo, ¿qué pasa?— que le ocurrió lo mismo que a ti. Ahora vende cupones de la ONCE... Poca broma, es bastante jodido este tema.

Tu cuerpo te está avisando,
aún puedes parar el proceso:

DEJA DE TOCARTE LA TRUCHA Y HAZ CASO A TU ABUELA, HOMBRE.

Las ballenas ponen guevos??

Emm...

Sí, ponen unos guevos muy grandes
y de ahí salen ballenitas.
Todo muy bonito.

Pero hay un problema.
A veces, al poner el guevo, este
se hunde en el mar y lo pierden.
Imagínate: la ballena va nadando
tranquilamente, se pone de parto y,
¡PUM!, suelta el huevo. Pues, claro,
el huevo se hunde al fondo del mar...

**UNA PUTADA,
LA VERDAD.**

Ayuda!!! mi madre siempre me decia que **si me tragaba un chicle me moria** y por eso nunca lo hice pero el otro dia tenia uno en la boca y bebi un poco de agua y sin querer me lo trague.. he intentado vomitar pero no sale no quiero morir la verdad **soy joven aun puedo operarmeee???????**

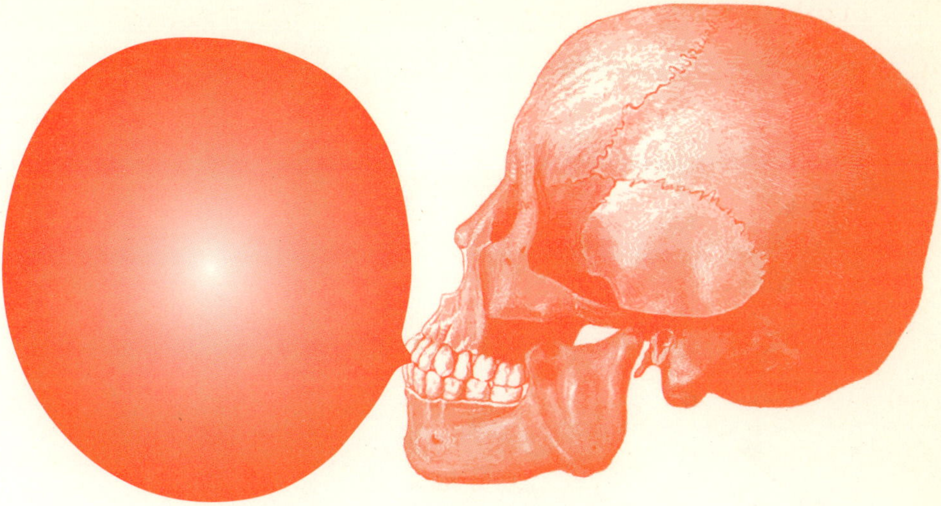

Demasiado tarde.

Es muy probable que, mientras tú escribías este mensaje, el chicle haya destrozado todos tus órganos internos.

A ver, te explico. No es que el chicle sea un asesino ni nada por el estilo. Tú te lo has tragado, sin más, como si fuera un alimento cualquiera, pero, a medida que desciende por tu esófago, y debido a su naturaleza pegajosa, hay muchas probabilidades de que se adhiera a cualquier órgano que encuentre a su paso y lo arrastre consigo, inexorablemente. Es muy posible que se haya enganchado a tu corazón, o a tus pulmones, y termine llevándolos hasta los intestinos. Y luego, ya sabes...

ESTÁS JODIDO, AMIGO.

He robado varios lapices del IKEA y ahora me siento bastante culpable, han sido exactamente 8, ir a devolverlos creo que es peor, lo mejor creo que es entregarme a la policía y que sea lo que dios quiera, **no puedo vivir con esta culpabilidad,** me está comiendo por dentro. Adiós a todos.

Uffff, lo siento, tío.

Al menos has sido honesto y has reconocido tu crimen.

Es muy probable que seas condenado a cadena perpetua. Pero, bueno, seamos sinceros:

TÚ TE LO HAS BUSCADO.

AUN ASÍ TE DESEO MUCHA SUERTE. ¡SÉ FUERTE!

no se como empezar pero ocurre que **físicamente soy hombre,** y tengo deseos irrefrenables cuando siento la presencia de otro hombre y mi mirada primero que nada se dirige a su entrepiernas, pero lo mas grave es que comienzo a sudar y temblar de emoción y lo único que deseo es poder estar con él, no puedo ver un pene ni en fotografías porque me suben las pulsaciones y me descoloco completamente, mi vida es insoportable, **¡que puedo hacer?**

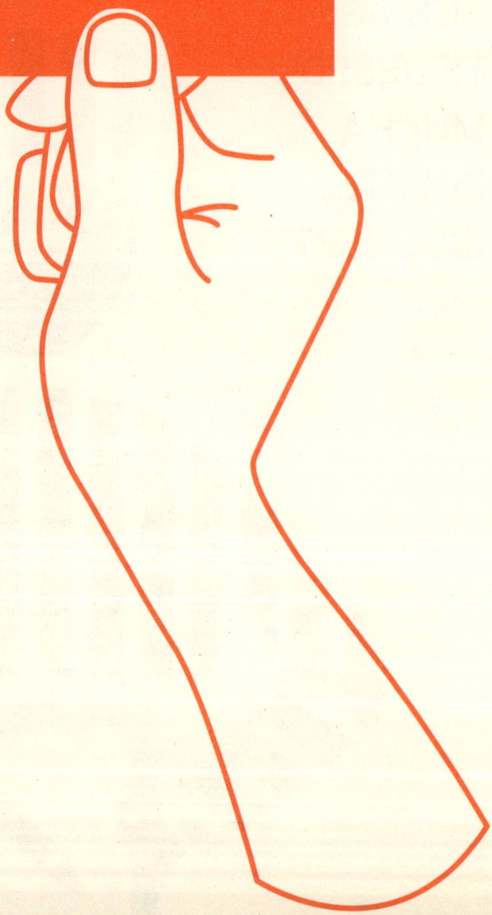

ASIMILAR QUE ERES

HOMOSEXUAL.

De nada, amigo.

TENGO UNA PLAGA DE CUCARACHAS EN CASA, CREEMOS QUE SUBEN POR EL PATIO PERO ESTOY DESESPERADA ES ASQUEROSO, Y PARA COLMO TENGO UNA NIÑA DE 15 MESES, Y NO SE QUE PRODUCTOS ECHAR, ALGUIEN SABE ALGO? ES QUE AYER APARECIERON 5 Y SON ENORMES SE METEN POR CUALQUIER RINCON. GRACIAS. ELENA.

HOLA, ELENA. SUPONGO QUE ESCRIBES EN MAYUSCULAS PARA HACERNOS SABER QUE TODO EN TU VIDA ES GRANDE, INCLUIDAS LAS CUCARACHAS QUE TIENES POR CASA.

No todo es malo, mira el lado bueno: nunca te sentirás sola en casa. Adiéstralas para que te vayan a comprar el periódico, el pan...

Si es que aquí la cuestión es quejarse.

QUEJICAS,
QUE SOIS UNOS QUEJICAS.

Hola chicas¡¡ jo, no se si os pasa a vosotras, pero hoy estoy muy enfadada... me compre unos cuadros preciosos en el corte ingles y no tengo quien me los ponga... mi lamparita de mi mesita no funciona (no me llega el cable, o algo a si...) y el grifo del baño me gotea, **pues se lo digo a mi marido y..... ah si¡¡ luego te lo miro... mañana lo hago....** ESTOY HARTA porque ese dia nunca llega. El con llegar a casa, cansadadoooo de trabajar y tirarse en el sofa a cuerpo de rey ya tiene bastante. Y eso que es de los buenos como digo yo jaja. Pero en fin...no hay nadie perfecto. Podria hacer yo estas cosas pero soy un pelin manazas, pues nada... gracias por eschucharme por lo menos me he desahogado jajaja.

PD_ voy a investigar por internet, a ver si hay alguien que me lo pueda hacer.... ya os contare.

ciaoooo

"Voy a investigar por internet, a ver si hay alguien que me lo pueda hacer".

¿Vas a poner un anuncio en internet para solicitar un macho que vaya a casa a colgarte unos cuadros y a arreglarte el grifo?

TE ASEGURO QUE NO ES BUENA IDEA.

En serio.
Es más, os voy a poner un ejemplo de una de las tantas personas que han contestado a esta chica en el foro, **atentos:**

"Hola bombom
Si estas en Barcelona, **olvidate de tus problemas de la casa contacta conmigo** y listo, chau un besote"

SOBRAN LAS PALABRAS.

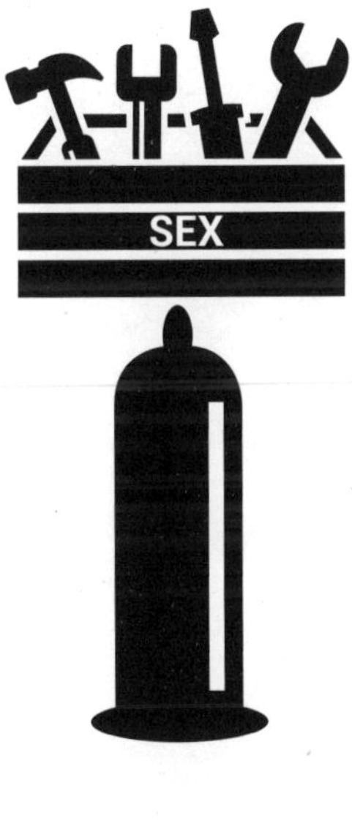

Nadie
me contesta
a mis preguntas
por que es?

Eres un incomprendido, tete.

No te rayes:
tú vales mucho mas que ellos.
Siempre arriba, nano.

Quiero hacerle una promesa a la Virgen Maria y quiero saber si debo cumplir mi promesa antes, después o en el transcurso de mi promesa...

Ni una opción ni la otra.

Debes enviarle un email a esta dirección:

LaVirgenMaria_69_xula@jotmail.com.

Ahí ya le comentas la promesa y tal.

```
{\rtf1\ansi\ansicpg1252

{\fonttbl}

{\colortbl;\red255\green255\bl ue255;}

}
```

¡Eso no me lo dices en la calle, payaso!

Pido perdón a todos los lectores por ponerme así, pero se ha pasado.

Nose encajar las critikas
cuando me dicen algo malo me dan ganas de coger
un cuchillo i liarme ahi a matar es que me cago en todo
de verdsad me pongo muy agtresivo

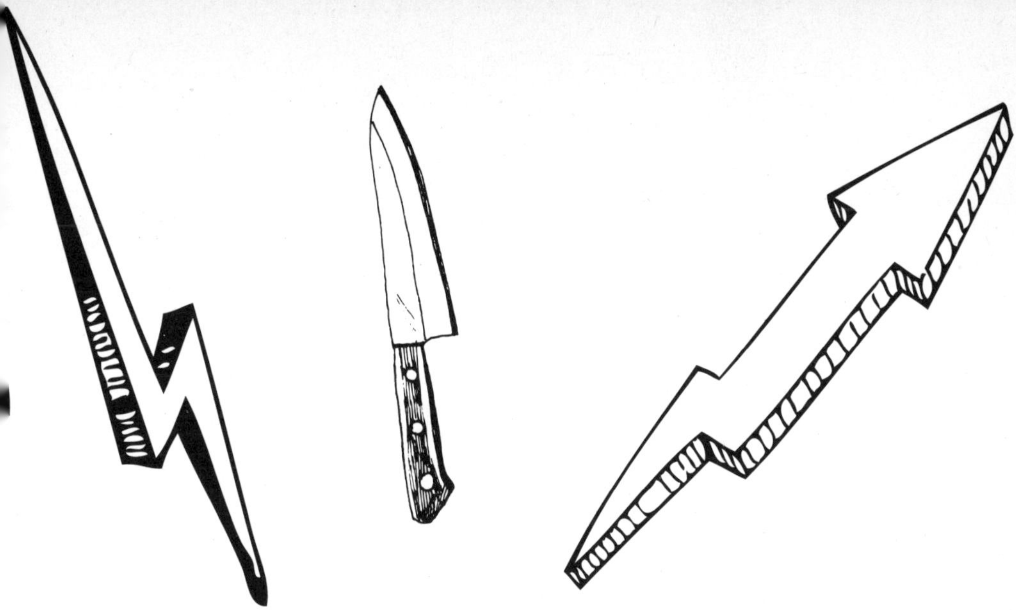

Te iba a decir que por favor intentaras escribir mejor la próxima vez, pero creo que es jugarme aquí la vida a lo tonto viendo lo nervioso que te pones.

La etapa de ir al colegio y que los profesores te corrigieran... eso tuvo que ser un show.

CÁLMATE, AMIGO, NO LO HAGAS POR TI, HAZLO POR EL TECLADO, ÉL NO SE MERECE ESTO.

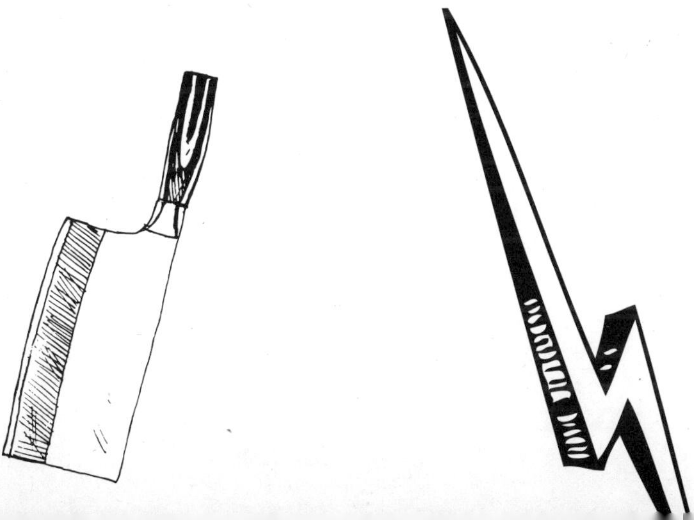

Hola quiero conoser amigas soy nuevo
en esto mi whassap es +50********
soy repetuoso
Y no busco nada mas amistad o
alguien. Con quien charlar un rato

Conoser gente está muy bien, pero macho, parece que estás solicitando comprar ganado, hay que tener un poco de tacto, hombre.

Y ESO DE QUE BUSCAS AMISTAD Y NADA MÁS...
A VER UN SEGUNDO...
JAJAJAJA,
VALE,
YA ESTÁ.

Hola, voy a estar solo por primera vez en mi vida en nochevieja y me da vértigo. Dicen que hay gente sola tambien como yo? Jo! pues dime si eres tú una de allas y deja de preocuparte y dime si quieres no pasar sola esta noche mágica.

Vaya, una pena que lea tu mensaje cuando ya ha pasado Nochevieja.

Te hubiera dicho de pasar una noche mágica, pero mágica de verdad. Ibas a flipar mucho al ver a mi abuela en plan ninja, te rellena el plato y no te das cuenta. Y claro, a ti te da la sensación en plan «joder, este plato por más que coma no baja», y te acabas comiendo ocho platos.

ESO ES MAGIA DE VERDAD.

Vengo a preguntar algo serio, porque murio tanta gente en el titanic si no a explotado ni nada es decir si te tiras al agua no pasa nada no entiendo porque murio genteeee si hubiera avido una explosion o algo ok vale me lo creo pero joder te tiras al agua y arreglao **eske no tiene explicacion posible** esto de verdad venga adios

¡Hostia!, ahora que lo dices…
todo encaja..
¿Y si el Titanic era un barco de suicidas?

Es decir, imagínate que todo esto estaba premeditado, ya comprabas un billete sabiendo que te ibas a suicidar. Todo tiene sentido, por eso DiCaprio no se subió al trozo de madera a pesar de que cabía de sobra, porque no quería salvarse…

¡¡QUERÍA MORIR!!

MADRE MÍA.

Mi pregunta es de coches, porque llevan aceite si lo que lo hace funcionar es la gasolina?

Sencillo, por si te quedas tirado en medio de la nada y te quieres freír unos calamares, pillas el aceite del coche y con un camping gas te haces ahí una cena rápida.

Digamos que es como un sistema de seguridad

PARA QUE EL CONDUCTOR NO SE MUERA DE HAMBRE EN CASO DE QUEDARSE TIRADO POR AHÍ.

He visto una pelicula de esas to viejas antiguas y he visto un tio que escribia con una especie de boli pero que todo el rato lo iba mojando en tinta pa escribir. Digo yo que no es mas facil pillarse un pilot o un boli bic? Nose me ha parecido una perdida de tiempo pero si el es feliz me parece pèrfecto yo solo digo.

Pues también es verdad, qué tontería estar ahí perdiendo el tiempo mojando la pluma en tinta cuando perfectamente podrían comprarse un pilot u otro bolígrafo más avanzado.

Solo hay un problema,

DEBERÍAN HABER INVENTADO

UNA MAQUINA DEL TIEMPO

para avanzar unos años, pero, eh, por lo demás tienes toda la razón,

CRACK.

La gomina me deja el pelo duro y me cago en la puta.